Be動詞もわからなかった私が数年でTOEIC満点をとった

英語独学法

井関真大

はじめに ～英語は誰でもマスターできる～
Anyone Can Master English

この本は、Be動詞すらわからなかったわたしが、英検1級、TOEIC満点、ケンブリッジ英検CPEレベルの英語力を獲得するまでに、どんな方法で勉強したかをまとめた1冊だ。

中学ではいじめにも遭い、3年になった時点でBe動詞すらチンプンカンプン。なんとか入った高校では入学直後の全国模試で偏差値なんと31.6。面談で担任に志望校を伝えたところ、合格どころか目指すことさえ不可能とばかりに「おまえ、本当のバカかぁ」とため息をつかれる始末。

そんな落ちこぼれの代表みたいな生徒だったわたしが、なぜほんの数年で英語をマスターできたのか。

この本は、本物の英語力を身につけるためにわたしが実践してきた勉強法を、あますところなくお伝えすることを目的としている。塾講師として数多くの生徒を指導してきたノウハウもたっぷり盛り込んで、どんな人にでも英語マスターへの道のりがはっきり見通せる勉強法を具体的に紹介したいと思う。

この本を手に取ってくれた人は、ほとんどが「英語ができるようになりたい」と思っている人だろう。そしてもうひとつ、確実に言えるのは、日本語ができる人だということ。つまり、現時点ですでに、言語を習得する能力が実証されているわけだ。

もちろん、日本語と英語とでは構造がまったく違うため、第一言語（母語）として日本語を習得した人にとって、英語をマスターすることは容易ではない。とはいえ、もし英語圏で生まれ育っていれば英語ができるようになっていたはずだから、英語をマスターする能力も潜在的に備わっていることは間違いない。

では、すでに日本語を母語として習得した人が英語をマスターするには、どうすればよいのだろうか。母語と同じ方法で学べばよいのだろうか。

母語を習得する過程は脳の発達に関係している。脳は6歳までにおよそ90％が完成し、残る10％は10代半ばから20代初めに完成すると言われている。0歳のうちに母語の音を聞き分けられるようになり、8歳ごろには母語の文法規則が身につく。そして、12歳ごろには母語の習得が完了し、それ以降に学習をはじめた言語は完全には習得できないとも言われている（言語習得の臨界期仮説）。

近年ますますヒートアップしている早期英語教育などは、この仮説にもとづくものが多いようだが、実はこの仮説についてはさまざまな異論があり、現在も研究が続けられている。それに、この仮説が正しいとしても、「完全には習得できない」とは、100％ネイティブにはなれないということでしかない。学習をはじめた時期が遅くても、第二言語として英語をマスターし、限りなくネイティブに近づくことはじゅうぶん可能だ。

ただし、母語ではなく第二言語として学ぶ以上、子どもが脳の発達にそって母語を習得していく過程と同じというわけにはいかない。母語の習得後、第二言語の習得は母語を介しておこなわれる。つまり、英語をマスターするには、すでに習得している日本語を有効に活用しながら効率的かつ効果的に学習する必要があるのだ。

ところで、英語がどの程度できればマスターしたと言えるのだろうか。わたしはひとつの基準として、英検1級合格かTOEIC 900点以上と考えている。

もちろん、どんな分野でもレベルが上がれば上がるほど本人は「まだまだ未熟だ」と感じるものであり、英検1級に合格した人でも「マスターしたとは言い難い」と思っているかもしれない。

しかし、英検1級やTOEIC 900点以上は、英語で伝えたいことを流暢に伝え、複雑な文章を理解し、社会生活や仕事・学業で必要なやりとりをおこなえるレベルなので、このレベルに達すればマスターしたと言ってよいのではないだろうか。

母語の日本語でも知らない言葉や表現はたくさんあるが、だからといって、自分は「日本語ができない」とは思わないはずだ。知らないことは日本語で質問したり調べたりして学んでいけるのだから。英語でも、英検1級やTOEIC 900点以上になれば、それと同じことをしていけばよいのだ。

わたし自身、あんなに英語が苦手だったのに、この本で紹介する勉強法を実践することで、3年程度でこのレベルまで英語をマスターすることができた。そして、英語をマスターしたことで、人生がぱっと明るくなった。

いまの時点で英語が苦手だったとしても、適切な方法でしっかり学習すれば、英語は誰にでもマスターできる。Be動詞すらわからず英語が大嫌いだったわたしにも可能だったし、たくさんの生徒を指導してきた経験からも、確信を持って断言できる。英語は誰にでもマスターできるのだ。

この本との出会いをきっかけに、さっそく今日から英語マスターへの道を歩みはじめよう。

なお、本書の学習法をもっと理解したい、もっと学びたいという方には、YouTubeの武田塾Englishチャンネルをご紹介したい。また、わたしのTwitterでも毎日情報を発信しているので、ぜひフォローしてみてほしい。

はじめに ～英語は誰でもマスターできる～ 003
Anyone Can Master English

第1章 英語学習の心得
The Best Mindset For Learning English

① 英語を楽にマスターできると思うな 014
② 英語をマスターするために必要な6か条 015
▷その1:強烈な夢(目的)を持て 016
▷その2:高い目標を設定しろ 016
▷その3:メンターを持て 017
▷その4:英語を楽しめ 018
▷その5:英語学習のコミュニティに入れ 018
▷その6:いますぐ英検に申し込め 019
③ わたしの受験狂想曲 020
▷Be動詞すらわからなかった卓球少年 020
▷生徒の可能性を信じない教師 022
▷「授業をしない塾」、挫折、そして奇跡の逆転合格 022
column ① 英語の学習を楽しもう! 025

第2章 英語習得法
How To Master English

① 学習の3段階 030
▷第1段階:わかる(理解) 030
▷第2段階:やってみる(実践) 032
▷第3段階:できる(習得) 033

② 英語学習の順序 035
column ② メンターを見つけよう！ 037

第3章 リーディングの極意
The Secret To Reading English

① リーディングの学習内容と学習順序 042
② 単語 043
▷おすすめの英単語帳 043
▷単語の学習法①：
90分100語の暗記法 ――1日90分で100語を覚える 044
▷解説 045
▷単語の学習法②：
4日2日勉強法 ――1週間で400語を覚える 053
▷解説 054
▷単語の学習法：まとめ 058
③ 熟語 059
▷おすすめの英熟語帳 060
▷熟語の学習法 060
▷熟語の学習法：まとめ 062
④ 文法 062
▷おすすめの英文法参考書 063
▷文法・語法の学習法 065
▷解説 066
▷もし解説を読んでも理解できなかった場合 068
▷文法・語法の学習法：まとめ 068

⑤ 英文解釈 …… 069
▷おすすめの英文解釈参考書 …… 069
▷英文解釈の学習法 …… 071
▷解説 …… 072
▷英文解釈の学習法:まとめ …… 074
⑥ 長文読解 …… 075
▷長文読解の学習法①:精読 …… 076
▷解説 …… 079
▷長文読解の学習法②:多読 …… 081
▷長文読解の学習法:まとめ …… 084
column ③ 英語学習のコミュニティに入ろう! …… 085

第4章 リスニングの極意
The Secret To Listening To English

① リスニングの学習内容と学習順序 …… 090
▷おすすめのリスニング学習用教材 …… 092
▷リスニングの学習に使用する機材 …… 093
② 音読 …… 094
▷音読の学習法 …… 094
▷解説 …… 095
③ オーバーラッピング …… 096
▷オーバーラッピングの学習法 …… 096
▷解説 …… 097
④ シャドーイング …… 098
▷シャドーイングの学習法 …… 099
▷解説 …… 099

⑤ ディクテーション……102
▷ディクテーションの学習法……103
▷解説……103
⑥ リプロダクション……106
▷リプロダクションの学習法……107
▷解説……108
⑦ 映画を使ったリスニング学習法……109
▷映画を使った学習法①：スクリーンプレイ・シリーズ……110
▷映画を使った学習法②：普通の映画DVD……112
▷解説……113
⑧ 精聴と多聴……113
▷多聴用コンテンツ①：YouTube……114
▷多聴用コンテンツ②：ポッドキャスト（Podcast）……115
▷多聴用コンテンツ③：
BBCラーニング イングリッシュ（BBC Learning English）……116
▷多聴用コンテンツ④：
NHKワールド JAPAN（NHK WORLD-JAPAN）……116
▷多聴用コンテンツ⑤：ユーグリッシュ（YouGlish）……117
▷リスニングの学習法：まとめ……117

第5章 ライティングの極意
The Secret To Writing English

① ライティングの学習内容と学習順序……120
② 和文英訳……121
▷おすすめの和文英訳参考書……122
▷和文英訳の学習法……123

▷解説 123
▷和文英訳の学習法：まとめ 126
3 自然な英語のフレーズ 126
▷おすすめのフレーズ集 127
▷自然な英語のフレーズの学習法 128
▷解説 129
▷自然な英語のフレーズの学習法：まとめ 132
4 自由英作文 132
▷おすすめの自由英作文参考書 133
▷自由英作文の学習法①：添削 134
▷自由英作文の学習法②：リライト 137
▷自由英作文の学習法：まとめ 138
5 英検でライティング力をアップ 139
▷おすすめの英検ライティング対策参考書 139
▷英検向けのライティング学習のポイント 140
▷英検向けのライティング学習：まとめ 142

第6章 スピーキングの極意
The Secret To Speaking English

1 スピーキングの学習内容と学習順序 144
2 口頭での和文英訳 145
▷おすすめの和文英訳参考書 145
▷口頭での和文英訳の学習法 146
▷解説 147
3 会話表現 148
▷おすすめの会話表現参考書 148

▷会話表現の学習法 149
▷解説 150
④ **発音** 152
▷おすすめの発音学習用教材 152
▷発音の学習法 153
⑤ **実践の会話練習** 155
▷実践的な会話練習法①:
非ネイティブ講師によるマンツーマンレッスン 156
▷実践的な会話練習法②:
ネイティブ講師によるマンツーマンレッスン 158
⑥ **プラスαのスピーキング学習** 159
▷プラスαのスピーキング学習法①:
身のまわりのものを英語で表現 160
▷プラスαのスピーキング学習法②:
車窓の景色を英語で実況 161
▷プラスαのスピーキング学習法③:
これは良いと思った表現をカードにまとめる 161
▷スピーキングの学習法:まとめ 164

英語の資格・検定試験

◆英検 166
◆TOEIC 168
◆IELTS 170
◆TOEFL 172
◆CEFR:各種資格・検定試験のレベル比較 173

おわりに ～人は成りたい人に成れる～ 174

装丁/小松学(ZUGA)
DTP/美創
カバー写真/vvoe - stock.adobe.com/jp
編集協力/編集企画シーエーティー+岡本麻左子

第1章
英語学習の心得

The Best
Mindset For
Learning English

英語の学習をはじめるにあたり、まずしっかり心に刻んでもらいたいことがある。英語をマスターするにはマインドセットが極めて重要だということだ。もし、できるだけ楽に英語ができるようになれたらいいな、と思っているとしたら、いますぐその考えを捨ててもらいたい。そういった考えでは決して英語はマスターできないからだ。

では、どういうマインドセットが必要なのか。この章では、具体的な学習法の説明に入る前に、それを明確にしておこう。

1 英語を楽にマスターできると思うな

巷（ちまた）には英語の学習教材があふれている。なかには「聴くだけで英語がペラペラになれる」「3か月で英語をマスターできる」などとうたっているものもある。

はっきり言って、そんな楽な方法では絶対に英語ができるようにはならない。もしそれが本当なら、日本には「英語がペラペラ」な人がもっとたくさんいるだろうし、そのメソッドが英語教育の中心になっているはずだ。

実はわたしも、かつては楽な方法を模索していた。高校生のころから、魔法のように英語の成績が上がる方法を探し求めていたのだ。でも、結局そんな方法は見つからなかった。

考えてみれば当たり前だ。草野球しかやったことのない人間が、短期間の楽な練習だけでプロの野球選手になれるわけがない。英語学習も同じで、結果を出すには、それ相応の時間と労力を費やすしか方法はないのだ。本当に英語をマスターしようと思うなら、安易な方法に頼るのはやめよう。

本当に英語を身につけた人で、「英語は楽にマスターできる」なんて言う人はひとりもいない。英語をマスターするための学習は、決して楽ではないし、時間もかかるものなのだ。

ただし、母語ではなく第二言語として学習する場合、実は母語ほど長い時間をかけなくても習得することが可能だ。子どもが脳の発達にそって母語を学ぶ場合とは異なり、すでに日本語を習得ずみで、文法用語や抽象的な概念も理解できるのだから、それを活かして効率的かつ効果的に学習を進めれば、マスターまでの期間をぐんと短縮することができる。逆に言えば、大量の時間を注ぎこんで、がむしゃらに勉強すればよいというものではないのだ。

とはいえ、やはり英語をマスターするにはかなりの時間がかかるし、毎日しっかり学習を積み重ねていく必要がある。何度も言うが、英語学習に楽な方法はない。覚悟を決めて、そろそろ本気の英語学習をはじめよう。

2 英語をマスターするために必要な6か条

英語をマスターするまでにかかる時間は人それぞれだが、

いずれにしても、学習を日々継続しなくては実力アップなど見込めるはずもない。途中で挫折したり、あきらめてしまったりしないためには、英語学習を長続きさせるための条件や工夫が必要だ。

そこで実践してもらいたいのが、次の6か条。これを実践することで、主体的に学習を継続し、学習効果を高め、英語をマスターするまでの期間を大きく短縮することができる。

▷その1：強烈な夢（目的）を持て

英語学習を長続きさせるために最も重要なのは、夢や目的を持つことだ。動機と言い換えてもよいだろう。なぜ学習するのか。何のために学習するのか。それが定まらないまま学習を継続するのは不可能だ。留学したい、英語で堂々とプレゼンがしたい、移住したいなど、どんな夢でも構わない。自分自身が鮮明に描ける夢を持ってほしい。英語をマスターするための動機が明確であればあるほど、学習を継続しやすくなるだけでなく、学習の効果も大きくなる。

❗アクションプラン

□カフェなどでじっくり考え、英語学習の目的をノートに書き出す。

□まわりで英語が得意な人に、その人の動機は何だったのかを聞く。

▷その2：高い目標を設定しろ

英語学習をはじめた時点で英検3級や2級を目標にしてい

ては、大きな飛躍は望めない。最初から最終的なゴールには英検準1級や1級といった高い目標を設定すべきだ。現時点では不可能に思えるかもしれないが、目標を高く設定することで、それまで見えていなかった戦略が見えてきて、考えもしなかった一歩を踏み出すことができる。目標を高く設定すると成長スピードがぐんと上がるし、その目標を公言することで、周囲の人たちからもらえるアドバイスも違ってくる。あくまでも最終目標は高く設定し、その過程で3級や2級といった中間目標をクリアしていこう。

❗アクションプラン

☐現時点では実現できそうにない目標を設定し、ノートに書き出す。

☐まわりの人に目標を宣言する。

▷その3：メンターを持て

　どんなに英語学習の目的がはっきりしていても、独学には限界がある。その限界を取り払ってくれるのが、自分より高いレベルにいる師匠（＝メンター）の存在だ。メンターとは、「あの人のように英語がうまくなりたい」と思える憧れの存在であり、学習方法をアドバイスしてくれるコーチであり、学習の悩みを相談できる友人だ。メンターは塾の講師や帰国子女の友人でもいいし、オンライン英会話などで見つけた先生でも構わない。ただ、あくまでも学習の主体は自分自身。いまの自分に必要なメンターを選ぶことが大切だ（037〜

039ページ参照)。

❶ アクションプラン

□知人や友人などで、誰にメンターになってほしいかを考える。

□メンターになってほしい人から、経験談や英語学習に関する話を聞く。

▷その4:英語を楽しめ

楽をすることと楽しむことは違う。英語を楽しむには、まず本気で取り組むこと。そうすれば、どんどん理解できるようになり、英語が好きになる。好きなことなら、やっていて楽しくないわけがない。かの孔子も、「これを知る者はこれを好む者に如かず。これを好む者はこれを楽しむ者に如かず」と言っている。また、料理、映画、読書、音楽、スポーツなど、好きな分野の英語コンテンツを学習に利用するといった、楽しむための工夫も重要だ(025〜027ページ参照)。

❶ アクションプラン

□好きな洋楽を聴いたり、歌詞を覚えたりする。

□興味のある分野の英語コンテンツを探す。

▷その5:英語学習のコミュニティに入れ

励まし合い、切磋琢磨できる仲間の存在には、計り知れない効果がある。英語学習に対する意識の高い人たちに囲まれることで、自分も意欲がわいてきたり、新しい情報がもらえたり、目標にできる人に出会ったりして、さらに積極的に学習に取り組めるようになる。学生なら英会話サークルに入るといいだろうし、社会人なら街で開催されている英会話カフェ（オンライン開催もある）もおすすめだ。自分に合ったコミュニティに入れば、英語力アップは間違いなしだ（085〜087ページ参照）。

❗アクションプラン

□ネットなどで近隣の英語コミュニティを見つける。

□オンラインでもリアルでもよいので、英語系のイベントに参加する。

▷その6：いますぐ英検に申し込め

英語学習を進めていくうえで、現時点における自分のレベルを知っておくことは不可欠だ。現在地をしっかりと確認してこそ、目的地にたどり着けるというもの。英語の検定試験にはさまざまなものがあるが、たとえばTOEICはビジネス向け、TOEFLは留学向けといったように、それぞれ特色がある。最初のレベル確認には最も一般的な英検がおすすめだ。英検の各級のレベルを確認して、いますぐ申し込もう（166ページ参照）。

❗アクションプラン

□英検のレベルの目安を確認する。

□英検のサイト(https://www.eiken.or.jp/eiken/)で申し込む。

以上の6か条は、学習を効果的に継続して英語をマスターするために欠かせない要素だ。この6か条を常に念頭におきながら、目標に向かって主体的に英語学習を継続していこう。

3 わたしの受験狂想曲

突然だが、Be動詞をご存知だろうか。そう、主語によってam、is、areと変化し、主語と次の語をイコールの関係で結んだり、存在をあらわしたりする動詞のことだ。中学1年生で最初に習うのが、このBe動詞だ。

わたしはいまでこそ英検1級、TOEIC満点を取得しているが、中学3年生になった時点で、このBe動詞すらさっぱりわかっていなかった。とにかく勉強が苦手で、英語も大嫌いだったのだ。そんなわたしが本気で英語学習をはじめたきっかけは大学受験だった。

▷Be動詞すらわからなかった卓球少年

中学時代、わたしは部活の卓球に打ち込んでいた。夢中で練習した甲斐あって、あと一歩で全国大会出場というところまでいったものの、勉強のほうは大の苦手。授業中にkindを「キンド」と読んでみんなに大笑いされたこともある。当然、英語は大嫌い。予習・復習も一切していなかった。

中学3年の夏に部活を引退後、人生初の塾通いをはじめたわたしは、「Be動詞とは？」と聞かれても答えられず、困惑の表情を浮かべることしかできなかった。その塾で懇切丁寧に教えてもらい、やっとBe動詞を理解できたときの感動は忘れられない。なにしろ、それまではgoもBe動詞だと思っていたくらいなのだから。

高校にはなんとか入れたものの、入学直後に受けた模試では国英の2科目で校内237名中なんと236位！　国英の偏差値は、全国で31.6という絶望的な結果だった。その現実を突きつけられたにもかかわらず、わたしは高校でも卓球に熱中し、部活とクラブチームで練習に明け暮れる日々。勉強はほとんどしていなかった。

総合学力テスト｜個人成績票

63722

1 今回の成績

科目/コース	得点	偏差値		順位（位/人中）			平均点		
		全国	校内	全国	県内	校内	全国	県内	校内
国語	2/100	23.5	21.7	438479/439096	24589/24640	237/ 237	38.6	38.9	35.7
数学	37/100	52.7	62.5	162489/437409	8832/24411	33/ 238	31.9	31.6	21.5
英語	26/100	40.3	37.9	352779/439192	20676/24651	208/ 238	45.1	48.8	41.8
国数英総合	65/300	38.8	37.7	374922/436957	21590/24380	212/ 237	115.8	119.7	99.1
国英	28/200	31.6	26.2	429795/438817	24215/24615	236/ 237	83.8	87.8	77.5
数英	63/200	46.0	49.9	268623/437193	16046/24394	107/ 238	77.1	80.6	63.3

▷生徒の可能性を信じない教師

そして、いよいよ高校3年生。真剣に進路を考える時期だ。

ある日、面談で担任の先生に希望進路を聞かれたわたしは、恐る恐る「早稲田大学か明治大学に行きたい」と答えた。もちろん無謀なことは百も承知だ。でも本気だった。卓球の強い大学に行きたかったのだ。それに対する先生の反応は、哀れな子羊を見るような目、「はぁ……」という深いため息、そして「おまえ、本当のバカかぁ」というつぶやきだった。その瞬間、わたしのなかで負けず嫌いの炎が燃え上がり、「バカなのは生徒の可能性を信じられない先生のほうだ！絶対に合格して見返してやる！」と心に決めたのだった。

いま思えば、これがわたしにとって最初の「勉強する動機」だったのかもしれない。

▷「授業をしない塾」、挫折、そして奇跡の逆転合格

どうすれば志望校に合格できるのかを模索していたとき、武田塾塾長の林尚弘先生が書いた『予備校に行っている人は読まないでください』（宮帯出版社）という本に出会う。その内容に感銘を受け、著者が運営する武田塾の門をくぐった。

授業をしないという奇抜な塾なので最初は親に反対されたが、もう自分に残された可能性はこれしかないという思いで説得し、なんとか認めてもらった。それから塾の指導にした

がって、徹底した自学自習に取り組みはじめると、あれよあれよという間に偏差値が10以上もアップしたのだ。これなら間に合うのでは、という大きな手ごたえを感じた。

そんなとき、なんと椎間板ヘルニアを患い、週5回の通院が必要になってしまう。もう卓球ができない、勉強する時間もない、と絶望の淵に追いやられた。でも、絶対に志望校に合格すると自分に誓った以上、あきらめるわけにはいかない。なんとか自分を奮い立たせるために、ポジティブな事実をA4用紙に書き出し、前向きに勉強に取り組めるよう努めた。

3ヵ月間
60題の現代文の問題を解いて解答の根拠まで分かるようにした。
1659個の英単語をマスターした。
ナビゲーターのポイントチェックは1章から41章まで正答率が80%を超えるまでやり込んだ。
565個の古文単語をマスターした。
文法問題742個をマスターした。
イディオムを449個覚えた。
古文解釈の技術を100個身につけた。

通院しながらも必死で勉強を続けるうちに、明治大学の英語の過去問題で9割以上の点数が取れるようになった。最後の校内模試では237名中2位。そしてついに、明治大学商学部に現役合格！　これには担任の先生も驚いていたようだ。

晴れて大学に入学したあとも英語の勉強を続け、1年生の夏には英検準1級を取得した。2年生になったころから、留学して国際開発学を学びたいと思うようになり、2年生の3月には英検1級、TOEIC 930点を取得。その後は留学、就職、転職を経るなかでTOEIC満点や、ケンブリッジ英検CPEを取り、現在に至っている。

Be動詞すらわからず、国英の偏差値が31.6だったわたしが、受験をきっかけに英語学習をはじめて約3年で英検1級に合格し、最終的にTOEIC満点を取れるまでになったのは、なにも特別な能力があったからではない。前述の6か条を実践し、本気で学習を継続したからだ。それさえできれば、英語は誰にでもマスターできる。

では、いよいよ次の章から具体的な学習方法の説明に入ろう。

column ①

英語の学習を楽しもう!

英語をマスターするために何より大切なことは、本気で英語学習に取り組むことだ。本気で取り組めば、少しずつでも必ず成果があらわれる。成果が目に見えれば楽しくなり、楽しいことは継続できるので、さらに成果が上がるという好循環が生まれる。

その一方で、積極的に英語を楽しむ工夫も大切だ。自分が好きなことを取り入れて、英語学習を楽しめるように工夫すれば、自然と学習を継続しやすくなる。以下の内容を参考に、自分なりの工夫で英語学習をおおいに楽しもう。

料理が好きな人なら……

英語の料理本や料理番組を学習に利用してみよう。レシピに出てくる単語や英語表現を覚えながら、料理のレパートリーも増やせて一石二鳥。パソコンやスマートフォンでcooking、recipeなどと検索すれば、リーディングやリスニングの学習に役立つ英語のコンテンツがどんどん見つかるだろう。

スポーツファンなら……

ひいきのチームの英語公式サイト、海外メディアのスポーツニュース、好きな外国人アスリートのSNSなどを覗いてみよう。きっと英語学習に使えるコンテンツが見つかるだろうし、日本では報じられていない詳しい情報だって得られる。日本で使われているスポーツ用語は和製英語が多いので、英語のスポーツ用語を調べるだけでも勉強になる。用語がわかれば、海外のゲームを英語の実況で観て楽しめるようにもなるはずだ。

読書が好きな人は……

「長文読解の学習法②」（081ページ）で紹介しているGR（グレーデッド・リーダー）を読んでみよう。本書では多読用コンテンツとして紹介しているが、GRは精読用としても活用できる。中学1〜2年レベルの語彙力で読める洋書もあるので、英語学習の初期段階から英語で読書を楽しむことができる。

映画が好きな人は……

本書109ページの「映画を使ったリスニング学習法」を積極的に試してみよう。「スクリーンプレイ・シリーズ」は映画のセリフがすべて文字で確認できるので、リスニングにもリーディングにも役立つし、会話表現を覚えることもできる。映画の英語公式サイトや好きな俳優に関する英語のニュースも学習に活用しよう。

音楽が好きな人なら……

英語の曲は、リスニングやスピーキングの練習に利用できるほか、歌詞を自分で訳してみるといった楽しみ方もできる。

いちばんのおすすめは、かの有名なビートルズ（The Beatles）の曲。歌詞も聴きやすく英語学習に最適だ。YouTubeなどにはビートルズの曲を使った英語学習コンテンツがたくさんあるので、特にイギリス英語を学びたい人はぜひ活用してほしい。歌詞がシンプルで発音もきれいなブルーノ・マーズ（Bruno Mars）や、発音がはっきりしていてわかりやすいエド・シーラン（Ed Sheeran）などもおすすめだ。

音楽ストリーミングサービスのSpotifyでは、検索画面から「チャート」メニューを選択すると、国別にTOP50の曲を表示して無料で聴くことができる。興味がある国のヒットチャートをチェックしてみよう（ただし、スラングを多用しているアーティストもいるので、英語学習に使う場合は注意が必要）。お気に入りのアーティストを見つけて、楽しく英語学習を継続しよう。

自分が好きなことを取り入れて英語の学習を楽しむ方法は、ほかにもたくさんある。普段から自分が好きでやっていることがあれば、まずそれを英語で検索してみよう。英語学習に使えるコンテンツが必ず見つかるはずだ。学習方法を自分で工夫して、楽しいから継続できる、継続できるから成果が上がってますます楽しくなるといった好循環を生み出そう。

第2章
英語習得法

How To Master English

1 学習の3段階

英語を勉強しているのに成績が上がらない、大人になって勉強しなおしたけれど成果が出なかったというような場合、考えられる原因は2つある。学習方法が間違っているか、学習の量が足りていないかだ。

英語の何を、どのように、どれだけ勉強すればよいかは、次の第3章以降で詳しく説明するが、その前に知っておいてもらいたいのが「学習の3段階」である。

英語に限らず何かを学習する場合、その過程は「わかる・やってみる・できる」という3つの段階に分けられる。この「学習の3段階」を1段ずつクリアしていくことが、学習を成果に結びつけることになる。

また、学習を進めるなかで、いま自分がその3段階のどこにいるかを意識できれば、成果を出すために何が不足しているかを把握しやすくなる。

「これで成果が上がるのだろうか」という迷いを払拭して学習に集中し、学習効率を高めることができるのだ。

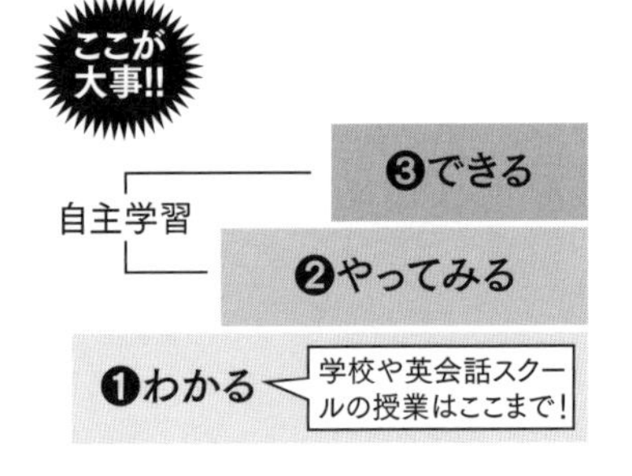

▷第1段階:わかる(理解)

第1段階の「わかる」とは、授業を受けたりテキストを読んだりして、仕組みやルールを理解する段階だ。たとえばBe動詞なら、beという動詞が主語に応じてam、is、areに変化し、主語とあとに続く語をイコールの関係で結ぶ働きをしていて、日本語では「～は、……です」という意味になることを、「なるほど、わかった」と理解するのがこの段階である。

こうした仕組みやルールは、学校や塾の授業で教わる。英会話スクールで習うこともあるだろう。最近ではアプリやYouTubeなどにも、非常にわかりやすく説明してくれる動画がたくさんあるし、授業の内容を文字起こししたような解説に特化した参考書もある。そういったものを利用すれば、仕組みやルールはスムーズに理解できるだろう。

しかし、これはあくまでも「わかる」の段階でしかなく、わかったからといって成績が上がったり、会話で使えるようになったりするわけではない。イチロー選手にバッティングのコツを教わっても、いきなりプロの強打者にはなれないのと同じだ。理解しただけでは、できるようにはならないのだ。

ところが、この「わかる」と「できる」を混同してしまうことがある。人間はわからなかったことがわかると気持ちよさを感じるものだし、特に教え方のうまい先生の授業を受けて理解できた場合などは、まだ「わかる」の段階にいるだけなのに、「できる」ようになったと勘違いしてしまいがちだ。ここで満足して勉強を終えてしまうと、せっかく理解できても成果に結びつかない。これは理解できたからこそ起きてしまう、「わかるの弊害」と呼ばれる現象だ。

理解しただけでは成果は上がらない。本当に大切なのは、次の「やってみる」段階だ。

▷第2段階：やってみる（実践）

この段階は、第1段階の理解をもとに、必要なことを覚えたり練習したりする実践の段階だ。単語を覚える、文法や読解の問題を解く、スピーキングの練習をするといったことを、実際に自分で繰り返し「やってみる」のだ。

小学校で九九を習ったときのことを思い出してみてほしい。授業でかけ算の仕組みを教わったあと、1の段から順に少しずつ覚えていったはずだ。クラスで声をそろえて練習したり、九九の歌を使って覚えたりもしただろう。そして、完全に覚えるまで何度も宿題やテストがあった。

英語も同じように、仕組みを理解したあと、練習したり覚えたりする「やってみる」段階がなければ、できるようにはならない。これは教わるのではなく自分でやる学習、つまり自学自習でしかできないことだ。そして、学習の過程でいちばん時間をかけなくてはいけないのも、この「やってみる」段階なのである。

方法としては、文法なら文法の参考書を1冊選び、問題を解いて間違えたら×をつけ、全問正解するまで何度もその参考書をやりなおす。最終的に、その1冊のなかからどの問題を出されても、すぐに答えられるようにするのだ。九九も完全に覚えたあとは、いきなり「7×5は？」と聞かれても答えられるようになったはずだ。それと同じ状態にすればよいのだ。

覚え方や練習方法は次章以降でひとつひとつ具体的に説明するが、文法の参考書1冊だけでもこの状態まで仕上げれば、その時点ですでに英語力は確実に強化されているし、試験でも間違いなく点数が上がっているだろう。

ただ、人間は忘れる生きものだから、一時的にできるようになっただけでは不十分だ。練習の成果や記憶を定着させ、確実に積み重ねて本当の実力をつけるには、次の第3段階が必要となる。

▷第3段階：できる（習得）

最後の第3段階は、「できる」状態を維持するための復習の段階だ。「できる」というのは、いつでも記憶のなかから必要な情報を取り出して、自在に使いこなせる状態のこと。だから、第2段階で覚えたことを繰り返し復習して、完全に記憶に定着させる必要がある。

ひとことで「記憶」と言っても、記憶には短期記憶と長期記憶がある。脳にインプットされた情報はまず短期記憶となり、そのなかで長期的に覚えておく必要のある情報だけが長期記憶に移行して、それ以外は忘れられてしまう。つまり、覚えたことを長期記憶に移行させることが、「できる」状態を維持するためには必要なのだ。

最も長期記憶に移行しやすい情報は、生存に必要な情報であると言われている。どうすれば食べ物を手に入れられるか、どうすれば危険を回避できるかといった情報は、生存のために忘れてはいけない記憶だから、長期記憶に移行しやすいわけだ。

言語に関しても、生きていくうえで必要な言葉は長期記憶に移行しやすいと言える。もし、英語しか通じないところに住んでいたら、英語ができなければ食べ物を買うこともできず、生活が立ち行かない。だから、覚えた英語をすみやかに長期記憶に移行させ、英語を上達させるには、おそらく英語圏に住むのがいちばんの近道だろう。

ただ、生活の場を英語圏に移すのは、そう簡単にできることではない。そこでもうひとつだけ、脳にインプットされた情報をスムーズに長期記憶に移行させる有効な方法がある。それが、「その情報と繰り返し出会う」ことだ。

ある情報に出会う頻度が週に3回以上だと、その情報が生存に必要な情報であると脳で認識され、長期記憶に移行する確率が飛躍的に高まると言われている。だから、第2段階で覚えた単語や解けるようになった問題を、1週間以内に2回以上復習すれば、長期記憶として効果的に定着させることができる。

復習するたびに、全問正解するまで、間違えた問題を解きなおし、忘れていることを覚えなおす。それを繰り返すことで記憶が完全に定着し、しばらく復習しなくても覚えていられるようになる。この状態になってはじめて、習得したと言えるのだ。

2 英語学習の順序

英語学習では「4技能」という言葉がよく使われる。「読む（リーディング）・書く（ライティング）・聞く（リスニング）・話す（スピーキング）」の4技能は、それぞれが複雑に相関していて、必ずしも明確に分離できるものではないが、言語の習得過程を考えるうえで、この4技能の分類はたいへん便利だ。

母語の習得過程は、まず親やまわりの人たちが話している言葉を聞くことからはじまる（リスニング）。次に、それを真似て発話するようになり（スピーキング）、ある程度の会話ができるようになってから、絵本などで文字を読むことを覚え（リーディング）、自分でも書けるようになる（ライティング）。

幼少期から思春期までを完全な英語環境で過ごせば、この順序で英語を母語として学ぶことになるだろう。しかし、日本語環境で育ち、日本語を母語として習得した場合、この順序では効率的に英語を学習することはできない。第二言語の習得は、母語を介しておこなわれるからだ。

日本語を母語とする人が英語を第二言語として学ぶ場合は、まずリーディングからはじめるのが最も効率的だ。リスニングの練習をするにも、話されている内容をスクリプト（台本）で確認する必要があるため、書かれている英語が読めなければ、学習効率が非常に悪くなってしまうのだ。

また、読めなければ書くことはできないし、書けなければ話すことはできない。日本語を母語とする人が英語で話す場合、最初は話したいことを日本語で考え、それを英語にしてから話すことになる。書くときにはゆっくり時間をかけて考えられるが、会話ではあまり長く時間をかけるわけにいかない。だから、スピーキングの練習をはじめるのは、ライティングがある程度できるようになってからが望ましいと言える。

つまり、英語学習はリーディング→リスニング→ライティング→スピーキングの順序で進めるのがベストということだ。では、いよいよ次章から、その順序にそって具体的な学習方法を説明していこう。

column ②

メンターを見つけよう！

近年は日本でも「メンター」という言葉がよく聞かれるようになった。メンター（mentor）は、「よき指導者」「助言者」「恩師」「信頼できる相談相手」といった意味を持つ言葉で、勉強や仕事上のことだけでなく個人的な悩みも相談できて、精神面でもサポートしてくれる人のことだ。

英語をマスターするには、目的を持って本気で取り組み、主体的に学習を継続することが大切だ。けれども、ずっと独学を続けるのは容易なことではない。時には思うように成果が上がらず悩んだり、やる気が出なくて学習を休んだり、ひとりでコツコツ学習を続けるのがつまらなくなったりすることだってある。

そんなとき、メンターがいれば、学習の悩みを相談したり、アドバイスをもらったりすることができる。「日本人でこんなに英語ができるなんてすごい！」と思えるようなメンターがいれば、憧れを糧にして頑張れるし、帰国子女や留学経験のあるメンターなら、どんな苦労があって、それをどんなふうに乗り越えたかというような体験談を聞いて、モチベーションを高めることができる。わからないところを教えてもらったり、実際に英語の指導をしてもらったりすることもできる。

塾の先生、帰国子女の知人や友人、英語のできる先輩や後輩など、自分のまわりに「この人なら」と思える人がいれば、ぜひメンターになってもらおう。自分にとってメンターの役割を果たしてくれる人であれば、年下の人でも構わないし、英語圏以外の国からの帰国子女でも構わない。なにも「メンターになってください」と頼まなくても、心のなかで一方的に「この人が自分のメンターだ」と思っているだけでもいいのだ。

身近に思い当たる人がいない場合は、英語コミュニティに入って知り合った人や、「フラミンゴ（Flamingo）」のようなアプリ（134ページ参照）で見つけた講師などのなかからメンターを見つけよう。

カフェでコーヒーをごちそうする代わりに話を聞かせてもらってもいいし、あらかじめ時間や料金の取り決めをしておいて、学習指導をしてもらってもいいだろう。

メンターはひとりだけでなくて構わない。メンターにはメンターの人生があるのだから、さまざまな事情で続けられなくなることもあり得る。自分の英語のレベルが上がれば、新しいメンターが必要になることだってあるかもしれない。いまの自分に合ったメンターを見つけ、お互いに無理のないかたちで良い関係を維持するよう心がけよう。

ただし、外国人のメンターに英語を指導してもらう場合は、メンターをひとりに絞ることをおすすめしたい。人によって指導の方法や内容が違うため、複数の人から指導を受けると学習効率が悪くなってしまうからだ。最初はメンター候補として数人を選び、一定の「お試し期間」を設けて効果を見定め、いまの自分に最適なひとりに絞り込むとよいだろう。

また、英語はアメリカ英語とイギリス英語の違いだけでなく、地域や年齢、社会的な立場などによって、さまざまなバリエーションがあるので、自分が話したいと思う英語を話す人をメンターに選ぼう。

英語マスターへの道を歩むうえで、メンターは頼りになるガイドのようなもの。道の先に広がるすばらしい景色をイメージさせてくれる存在であり、道に迷ったときの道標（みちしるべ）となってくれる存在であり、歩き疲れたときには傍らに座って励ましてくれる存在でもある。ぜひ自分に合ったメンターを見つけて、目的地までの道のりを楽しみながら進んでほしい。ただし、メンターはあくまでもガイドにすぎない。主体性を持って自分の足で歩かなければ、決して目的地にはたどり着けないこともお忘れなく。

第3章
リーディングの極意

The Secret To
Reading English

1 リーディングの学習内容と学習順序

「リーディング」と聞くと、たいていの人は洋書などの長い文章を読み解いていく、いわゆる長文読解を思い浮かべるようだ。たしかにゴールは長文がすらすら読めるようになることだが、早い段階から長文を読んで解釈していくのは、あまり効率の良い学習方法とは言えない。時間がかかるわりに成果が上がりにくいのだ。

長文というのは文がたくさん連なったものであり、ひとつひとつの文はそれほど長くない。そして、ひとつの英文を構成している要素は、おおまかに分けて、単語、熟語、文法、構文の4つだけだ。だから、実はこの4つさえしっかり学習すれば、それだけで長文がかなり読めるようになるのだ。

本書で紹介するリーディングの学習方法は、この単語、熟語、文法、構文（英文解釈）の分野別に、自分のレベルに合った単語帳や参考書を選んで完璧に仕上げていく方法だ。

学習の順序としては、まず単語と文法からスタートし、この2つを同時進行する。ある程度まで単語が進んだら熟語に着手し、文法が終わったら英文解釈を開始する。長文に関しては、単語、熟語、文法、英文解釈の4つがある程度のレベルに達してから、長文読解の教材に着手すればじゅうぶんだ。

では次に、単語、熟語、文法、英文解釈、そして長文読解に分けて、おすすめの教材と学習方法を詳しく説明しよう。

② 単語

英語はとにかく単語を知らなければ話にならない。そして、単語は覚えるしかない。母語なら生活のなかで自然に単語を覚えられるが、第二言語の単語を覚えるには、やはり暗記が最も効率的な方法だ。

暗記と聞くと、それだけで大変に感じてしまうかもしれないが、方法しだいで短期間に多くの単語を確実に覚えることができる。単語の暗記は学習の成果が目に見えやすく、達成感を得やすいので、ゲーム感覚で楽しみながら取り組むとよいだろう。

▷おすすめの英単語帳

◆『中学版 システム英単語』（駿台文庫）

◆『システム英単語 Basic』（駿台文庫）

◆『システム英単語』（駿台文庫）

◆『TOEIC® L&R TEST 出る単特急 金のフレーズ』（朝日新聞出版）

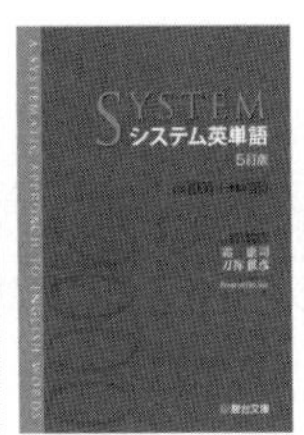

最初に取り組む英単語帳は、収録されている単語のうち知っている単語が4〜6割ぐらいあるものを選ぼう。

基礎の基礎からはじめたい人は、a、I、theといった最も簡単な単語から載っている『中学版 システム英単語』がおすすめだ。簡単な例文1つで単語が3〜4個一緒に覚えられるよう工夫されている。

同じシリーズの『システム英単語 Basic』は高校1〜2年レベル、『システム英単語』は大学受験レベル。この2冊には例文ではなくミニマルフレーズ（単語の意味や使い方がわかる最小限の句など）が掲載されているため、例文の理解に時間をとられることなく、単語を覚えることに集中できる。

『TOEIC® L&R TEST出る単特急 金のフレーズ』は、TOEICに特化した英単語帳。TOEICの単語対策にはうってつけの1冊だ。

▷単語の学習法①：
90分100語の暗記法――1日90分で100語を覚える

まず、1日90分で単語100個を覚える暗記法を紹介しよう。この暗記法と後述の「4日2日勉強法」を組み合わせて1週間に400語ずつ覚えれば、2,000語が収録されている『システム英単語』でも最短で5週間程度で1冊まるごと覚えられる。

1日100語も覚えるなんて多すぎると感じるかもしれないが、4〜6割の単語はすでに知っている単語帳を選んでいるため、新しく覚える単語は1日40〜60語程度になるはずだ。

では、1日90分で100語を覚えられる暗記法を詳しく説明しよう。この方法なら、どんなに英語が苦手な人でもほぼ確実に覚えることができる。

❗ 90分100語の暗記法

(1) 単語帳で、その日の学習範囲100単語を全問テストする（5分）
(2) わからなかった単語を「暗記シート」に書き出し、10単語ずつのブロックに区切る（10分）
(3) 最初のブロックの10単語を暗記し、テストして完璧に覚える（5分）
(4) 暗記シートの前半部分について、1ブロックごとに(3)の作業を繰り返す（10分）
(5) 暗記シートの前半部分をまとめてテストし、全問正解するまで覚えなおす（15分）
(6) 暗記シートの後半部分についても、1ブロックごとに(3)の作業を繰り返す（15分）
(7) 暗記シートの後半部分をまとめてテストし、全問正解するまで覚えなおす（15分）
(8) 休憩
(9) 単語帳で、その日の学習範囲100単語をテストし、全問正解するまで覚えなおす（15分）

※（ ）内は単語100個中60個わからなかった場合の時間配分

▷解説

(1)単語帳で、その日の学習範囲100単語を全問テストする（5分）

・単語帳で、その日の学習範囲100語を全問テストし、わかる単語とわからない単語に分ける。
・訳語を隠し、単語を見て訳語を答える。
・1つの単語につき1つの訳語が言えればOK（1語1訳）。
・訳語を言えなかった単語の横に「/」（スラッシュ）をつける。

(2)わからなかった単語を「暗記シート」に書き出し、10単語ずつのブロックに区切る(10分)

・(1)で全問テストした単語のなかで、「/」をつけたもの（わからなかった単語）だけを書き出し、「暗記シート」を作る。
・暗記シートを作るには、まずノートかルーズリーフを用意する。
・ページの中央に縦線を引き、1ページを2つに分ける。
・2つに分けた左側に覚えたい英単語を、右側に日本語訳を書く。

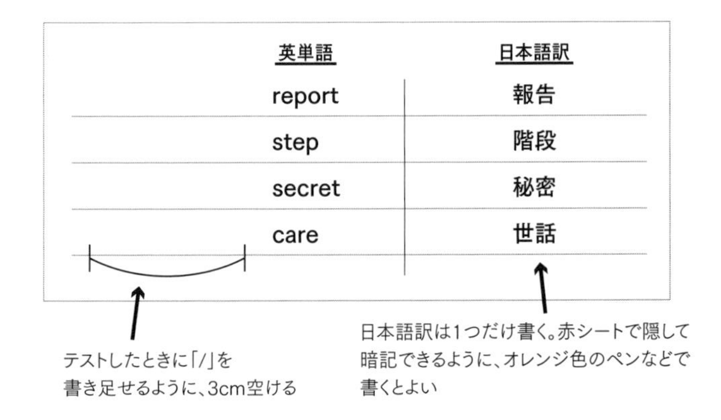

・暗記シートに書き出す単語は、全体を前半と後半で区切り、さらに10単語ずつのブロックに区切る（たとえば、わからなかった単語が60語あった場合、まず30語のところで区切り、さらに10語ずつ区切る。ただし、最後のブロックが端数になるケースもある）。
・前半と後半の区切り、ブロックの区切りは、1行空けるか印をつける。

（3）最初のブロックの10単語を暗記し、テストして完璧に覚える（5分）

・作成した暗記シートを使って、最初の1ブロック10単語を暗記する。
・暗記方法は、単語と訳語を交互に3〜5回ずつ音読する方法がおすすめ。音読は目、口、耳を使うため暗記効率が良く、1単語にかける時間も10〜15秒程度で済む。
・単語の発音はカタカナ読みで構わない。発音はリスニングとスピーキングの学習で矯正するので、いまはできるだけ短時間で単語を覚えることに集中しよう。
・10単語を覚えたら、その単語をテストする。
・訳語を隠し、単語を見て1秒以内に正しい訳語が言えれば、単語の横に「○」をつける。間違えた単語は「/」をつける。
・「/」をつけた単語だけを覚えなおし、またテストして、正解すれば「○」、間違えれば「/」に線をつけ足して「×」

にする。

・10単語がすべて「○」になるまで、覚えなおしとテストを繰り返す。

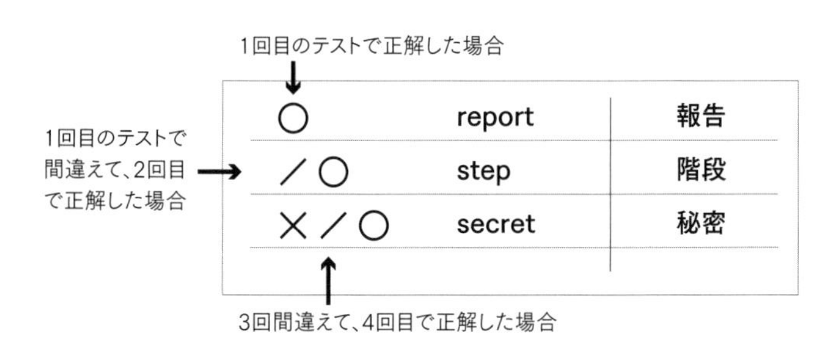

(4)暗記シートの前半部分について、1ブロックごとに(3)の作業を繰り返す(10分)

・最初のブロックがすべて「○」になったら次のブロックに進み、(3) の作業（暗記→テスト→覚えなおし）を繰り返して、すべて「○」にする。

・暗記シートの前半部分について、1ブロックずつこの作業を繰り返す（もし暗記シートに書き出した単語が60語あったとしたら、暗記シートの30語までを10単語ずつ覚える）。

(5)暗記シートの前半部分をまとめてテストし、全問正解するまで覚えなおす(15分)

・これまでに覚えた単語（暗記シートの前半部分）をまとめてテストする（復習テスト）。

・1秒以内に正しい訳語が言えれば「○」、言えなければ「/」を書き足す。
・「/」をつけた単語をまた覚えなおし、暗記シート前半の単語をすべて「○」にする。

(6)暗記シートの後半部分についても、1ブロックごとに(3)の作業を繰り返す(15分)
・暗記シートの後半部分についても、同じように1ブロック10単語ずつ(3)の作業を繰り返し、すべての単語を「○」にする。

(7)暗記シートの後半部分をまとめてテストし、全問正解するまで覚えなおす(15分)
・(5)と同様に、暗記シートの後半部分も必ず最後に復習テストをして、すべてを「○」にする。このテストを省くと後半の単語を忘れやすくなる。

(8)休憩
・ここで30分程度の休憩をとる(この時間は90分に含まれない)。
・休憩をとる目的は、単に次のテストまで時間を空けることなので、この間に英文法やリスニングなどの勉強をしてもよい。
・最初の全問テストでわからなかった単語も、ここまでですでに2回正解しているが、それでも苦手な単語は休憩の間に忘れてしまう可能性が高い。この休憩をはさむことで、どの単語が苦手で忘れやすいかを特定することができる。

(9)単語帳で、その日の学習範囲100単語をテストし、全問正解するまで覚えなおす(15分)

・単語帳に戻り、(1) で「/」をつけたかどうかにかかわらず、その日の学習範囲の100単語をすべてテストする(総復習テスト)。
・訳語を隠し、単語を見て1秒以内に正しい訳語が言えればOK。
・間違えた単語はまた「/」をつけ、(2)～(3) の方法で覚えなおす。
・すべての単語が「○」になったら、その日の単語の学習は終了。

❶ 覚え方のポイント

単語の覚え方には、大きく分けて「黙読する」「例文を読む」「音読する」「書く」という4つの方法がある。

黙読する：いちばん時間のかからない方法だが、目で見るだけなので印象に残りにくく、暗記効果は最も低い。すでに覚えた単語を忘れないよう復習する場合に適した方法だ。

例文を読む：黙読よりも時間はかかるが、単語のイメージが印象に残りやすいため、暗記効果はやや高くなる。時間がかかりすぎないように、単語を見ただけでは意味がイメージしづらい場合にだけ例文を読むようにしよう（例文ではなくミニマルフレーズが掲載されている『システム英単語』や『システム英単語Basic』は、時間をかけずにイメージが確認できるのでおすすめだ）。

音読する：単語と訳語を交互に3〜5回ずつ声に出して覚える方法（例：Probablyなら、「Probably、おそらく、Probably、おそらく、Probably、おそらく」と声に出して言う）。目、口、耳を同時に使うため、かなり暗記効果の高い方法で、わからない単語を短時間で大量に覚える場合などに最適だ。このとき、声に出して言いながら、単語の意味を頭のなかでイメージしよう。

書く：手を動かすので印象に残りやすく、最も覚えやすい方法だが、最も時間のかかる方法でもある。音読だけでは覚えられない苦手な単語のみ、書いて覚えるとよいだろう。

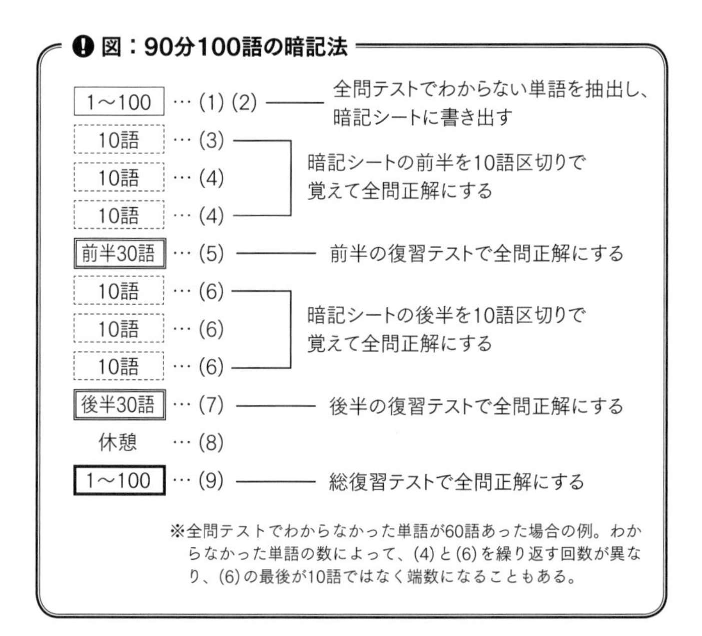

単語に限らずどんな問題でも、間違えたときに解答を確認するだけでは確実に覚えることはできない。次にまた同じ問題が出ても、同じミスを繰り返してしまうかもしれない。

この90分100語の暗記法では、自分で正解が答えられるまでテストと覚えなおしを繰り返す。図のとおり、ひとつの単語につき何度も正解を答えることになるため（最初からわかっている単語は□→■の2回、わからなかった単語は⬚→▣→■の3回）、この「正解を繰り返す」行為によって、効果的に記憶を強化できるのだ。

人間の脳は寝ている間に記憶を整理すると言われているので、単語の暗記は夕食後など、寝る前の時間におこなうとよいだろう。

さらに翌朝もう一度、前日覚えた100語に目を通せば、もっと確実に覚えられるようになる。単語を見て訳語を即答していくテストなら100語でも3分ほどで終わるので、ぜひ翌朝の復習も実践してみてほしい。

ここでは10語ずつ区切って覚える方法を紹介したが、10語が多いと感じる場合は5語で区切っても構わない。逆に少なすぎる場合は20語ずつ区切るなど、柔軟に調整しよう。

また、毎日90分を単語の学習にあてるのが難しい場合は、1日に覚える分量と時間を調節することも可能だ。自分の学習プランに応じてスケジュールを立てるとよいだろう。

▷単語の学習法②:
4日2日勉強法——1週間で400語を覚える

さて、1日90分で100語を覚える方法について説明したが、実はまだこれで終わりではない。せっかく1日に100語を覚えても、ここで終わってしまっては、数日、数週間と経(た)つうちにどんどん忘れてしまうからだ。

前章で説明した「学習の3段階」を思い出してみよう。いまはまだ第2段階の「やってみる(実践)」が終わった段階だ。

第3段階の「できる（習得）」まで進むには、1週間以内に2回以上復習し、覚えた内容をしっかり長期記憶に移行させる必要がある。

そこで次に、1日90分で覚えた100語を復習して長期記憶に移行させながら、1週間で400語を覚える方法を紹介しよう。これは「4日2日勉強法」と言って、1週間のうち4日は進み（新しい単語を覚える）、2日は戻る（復習する）ペースで学習する方法だ。

❶ 4日2日勉強法

（1）月曜日にその週の学習計画を立てる
（2）火曜日から金曜日の4日間、90分100語の暗記法で単語を覚える
（3）土曜日には、覚えた400語の復習と覚えなおしをする
（4）日曜日にもう一度、400語の復習と覚えなおしをする
（5）翌週の月曜日は400語の総復習テストと最終調整をする

▷解説

（1）月曜日にその週の学習計画を立てる

・その週の学習をはじめる前に、1週間の学習計画を立てる。
・火曜日から金曜日の4日間に学習する範囲（1日100語）を決める。

（2）火曜日から金曜日の4日間、90分100語の暗記法で単語を覚える

・火曜日から金曜日の4日間は「進む日」。
・90分100語の暗記法で、毎日100語ずつ新しい単語を覚える。

(3)土曜日には、覚えた400語の復習と覚えなおしをする
・土曜日は「戻る日」。
・復習として、火曜日から金曜日の4日間で覚えた400語をまとめてテストする。
・単語を見て訳語を即答できなかった場合は、覚えなおして再度テストし、全問正解にしてその日の復習を終える。

(4)日曜日にもう一度、400語の復習と覚えなおしをする
・日曜日も「戻る日」。
・土曜日にやった復習をもう一度おこなう。

(5)翌週の月曜日は400語の総復習テストと最終調整をする
・翌週の月曜日は、400語まとめて総復習テストをする。
・まだ完全に覚えられていない単語があれば抜き出して覚えなおし、全体を完璧に仕上げられるよう調整する。

❗ 図：4日2日勉強法

月曜日	1週間の計画
火曜日	単語1〜100 …（進む）
水曜日	単語101〜200 …（進む）
木曜日	単語201〜300 …（進む）
金曜日	単語301〜400 …（進む）
土曜日	単語1〜400の復習 …（戻る）
日曜日	単語1〜400の復習 …（戻る）
月曜日	単語1〜400の総復習テスト＆次の1週間の計画

上図のとおり、4日2日勉強法では1週間を1サイクルとし、「4日進んで2日戻る」ペースで学習内容を記憶に定着させていく。

毎日必ずその日の学習範囲を100％仕上げてから学習を終えるようにしよう。

火曜日から金曜日は、90分100語の暗記法で1日のあいだにすべての単語を2〜3回ずつ正解にする。さらに4日2日勉強法で1週間のあいだに同じ単語に4回「出会う」ことで（□→□→□)、確実に長期記憶に定着させることができる。

もし、翌週月曜日の総復習を終えた時点で、まだ完全に定着していないと感じる単語があれば、翌週の学習範囲に組み込んで、もう1週間かけて覚えるとよいだろう。

4日2日勉強法は、「4日進んで2日戻る」ペースで単語を覚えていくが、単語を覚えるのが苦手な人は、「2日進んで1日戻る」ペースでも構わない。このペースなら早めに復習できるため、苦手な人には効果的だ。その場合、1週間のスケジュールは次のようになる。

図：2日1日勉強法

月曜日	1週間の計画
火曜日	単語1～100 …（進む）
水曜日	単語101～200 …（進む）
木曜日	単語1～200の復習 …（戻る）
金曜日	単語201～300 …（進む）
土曜日	単語301～400 …（進む）
日曜日	単語1～400の復習…（戻る）
月曜日	単語1～400の総復習テスト＆次の1週間の計画

単語帳を1周したら、2周目には恐らく、知っている単語がかなり増えているだろうから、ペースを1.5倍にする。

図：4日2日勉強法ー復習（2周目）の例

月曜日	1週間の計画
火曜日	単語1～150…（進む）
水曜日	単語151～300…（進む）
木曜日	単語301～450…（進む）
金曜日	単語451～600…（進む）
土曜日	単語1～600の復習…（戻る）
日曜日	単語1～600の総復習テスト＆次の1週間の計画

↓もっと覚えたら…

❗ 図：4日2日勉強法 ― 復習（3周目以降）の例

月曜日	1週間の計画
火曜日	単語1〜300…（進む）
水曜日	単語301〜600…（進む）
木曜日	単語601〜900…（進む）
金曜日	単語901〜1200…（進む）
土曜日	単語1〜1200の復習…（戻る）
日曜日	単語1〜1200の総復習テスト＆次の1週間の計画

最終的には毎回全範囲から出題されても答えられる状態をキープする。

▷単語の学習法：まとめ

単語の学習は、多くの単語を短時間で確実に覚えることに集中しよう。90分100語の暗記法と4日2日勉強法（または2日1日勉強法）を組み合わせ、テストと覚えなおしを繰り返して長期記憶に定着させる。覚え方は音読が基本だが、自分に合った方法も取り入れながら効率よく覚えよう。

記憶は「皿回し」と似ている。最初に皿を回しはじめるのは大変だが、いったん回りだせば、あとはときどき軽く触れるだけで皿はずっと回り続ける。単語も新しく覚えるときにはエネルギーがいるけれど、いったん長期記憶として定着すれば、あとは単語帳をときどき軽く見直すだけで、ずっと覚えていられるようになるのだ。
『システム英単語 Basic』に続けて『システム英単語』まで終わったあとも、この「皿を回し続ける」ための復習は継続しよう。

ここで紹介した4日2日勉強法は、覚えたことを長期記憶に定着させるうえで非常に効果の高い方法だ。単語の学習だけでなく、覚えなくてはいけないことが多い場合は、この4日2日勉強法をどんどん活用してほしい。このあとの熟語、文法、英文解釈の学習でも、4日2日勉強法で長期記憶に定着させていこう。

3 熟語

熟語も単語と同じで覚えるしかないが、覚え方が少し異なる。というのも、熟語のなかには、文中で使われる際に形が変わるものが少なくないからだ。
たとえば「延期する」という意味のput offは、文中ではputとoffの間に代名詞が入り、put it offのような形で出てくることがある。だから、put offの形だけで覚えていては、文を読んだときにこの熟語に気づかず、意味が理解できないということになりかねない。
つまり、熟語は最初に覚えるときから例文をしっかり読み、どのような形で文中に出てくるかを確認しながら覚える必要があるのだ。

▷おすすめの英熟語帳

- ◆『速読英熟語』(Z会出版)
- ◆『TOEIC® L&R TEST 出る単特急 金の熟語』(朝日新聞出版)

熟語(イディオム)は単語と違って1語1訳では覚えにくいため、長文と全文訳が掲載されていて、文中に出てきた熟語を覚える形式になっている『速読英熟語』がおすすめだ。

熟語を覚える際には長文をすべて理解しようとする必要はないが、ある程度は意味が読み取れるようになっている必要があるため、『速読英熟語』を使いはじめるのは、単語と文法の学習がある程度まで進んでからになる。

『金の熟語』はTOEICに特化された熟語帳。TOEICの熟語対策にはぜひ活用してほしい。

▷熟語の学習法

単語の学習が高校1~2年レベル(『システム英単語Basic』)まで終わり、文法も高校レベルの参考書を総復習する段階になったら、熟語の学習に入ろう。

熟語はどのような形で文に出てくるかを例文で確認しながら学習する必要があるため、1日に単語ほど多く覚えることはできないが、基本的な学習方法は単語の場合と同じだ。90分100語の暗記法を応用し、その日の学習範囲の熟語を覚える。さらに、4日2日勉強法でしっかり記憶を定着させよう。

仮に、熟語を1日50個ずつ覚える計画を立てた場合、学習の進め方は次のようになる。

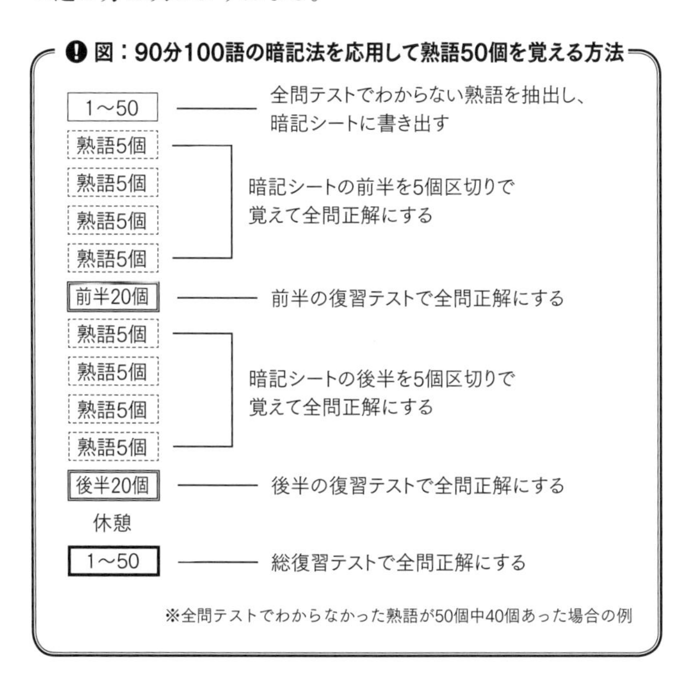

❶ 図：4日2日勉強法

月曜日	1週間の計画
火曜日	熟語1～50 …（進む）
水曜日	熟語51～100 …（進む）
木曜日	熟語101～150 …（進む）
金曜日	熟語151～200 …（進む）
土曜日	熟語1～200の復習 …（戻る）
日曜日	熟語1～200の復習 …（戻る）
月曜日	熟語1～200の総復習テスト＆次の1週間の計画

※90分100語の暗記法と4日2日勉強法について詳しくは、「単語の学習法」（044～059ページ）を参照。

▷熟語の学習法：まとめ

基本的に、熟語も学習方法は単語と同じだ。90分100語の暗記法を応用し、4日2日勉強法と組み合わせて長期記憶に定着させていけばよい。

ただし、熟語を覚えるときには必ず例文を読んでほしい。熟語の学習も最終的なゴールは長文がすらすら読めるようになることだ。その点を意識して、熟語が文中にどのような形で出てくるのかを確認しながら覚えるようにしよう。

4 文法

文法とは、文章構成のきまりである。このきまりがわからなければ、どんなにたくさん単語を覚えても、文を読んで理解することはできない。また、リーディングだけでなくライティングやスピーキングでも、このきまりに則っていなければ文として成立しないし、意味も通らない。

くだけた会話表現でも土台になるのは文法だ。文法が正しく使えないと、単語をやみくもに並べるだけの幼児英語の域を脱することができない。文法は4技能すべての土台となる非常に重要なもの。徹底的に学習してしっかり身につけよう。

文章構成そのものではなく、言葉（単語）の使い方に関するきまりを語法というが、これも文法と一緒に学習する。文のなかでどの単語をどのように使うのかを知らなければ、やはり文の意味を正しく理解することはできない。大学入試や英検などの各種試験でも語法の問題が多数出題されるため、語法の学習もたいへん重要となる。

文法の学習では、ひとつひとつのきまりをしっかり理解し、応用できるようにしていこう。語法は「知っているかどうか」が大事なので、知識を増やすことに重点を置いて学習するのがポイントだ。

▷おすすめの英文法参考書

- 『中学英語をもう一度ひとつひとつわかりやすく。』（学研プラス）
- 『大岩のいちばんはじめの英文法【超基礎文法編】』（東進ブックス）
- 『Next Stage 英文法・語法問題』（桐原書店）
- 『英文法・語法 Vintage』（いいずな書店）
- 『スクランブル英文法・語法』（旺文社）

◆『新TOEIC® TEST 900点特急 パート5&6』(朝日新聞出版)

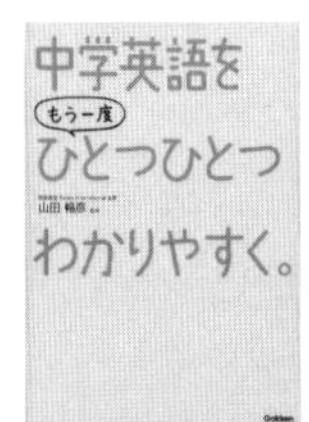

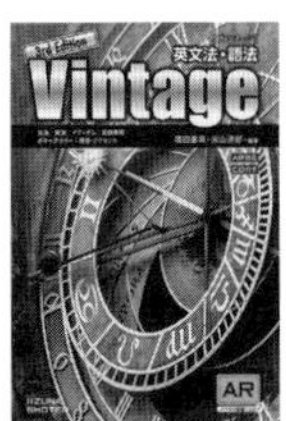

中学レベルの文法を基礎からやりなおしたい人は『中学英語をもう一度ひとつひとつわかりやすく。』、高校英語に入る前に中学英語を一通りおさらいしたい人は『大岩のいちばんはじめの英文法【超基礎文法編】』からはじめよう。

高校レベルの英文法では、『Next Stage 英文法・語法問題』『英文法・語法 Vintage』『スクランブル英文法・語法』がおすすめ。内容や構成は3冊ともほぼ同じなので、お好みの1冊を選ぶとよいだろう。いずれも見開きの左ページに設問があり、右ページに解説(解答の根拠)が記載されている。単語や熟語などのパートもあるが、文法の学習で使用するのは文法と語法のパートのみ。

TOEICの文法パートで高得点を狙う場合は、『新TOEIC®

TEST 900点特急 パート5&6』も使用するとよいだろう。

▷文法・語法の学習法

文法の学習は最初から開始し、単語の学習と同時進行しよう。

中学レベルの参考書からはじめる場合は、できれば2～3週間で1冊を終え、次の1週間で1冊まるごと復習して定着させてから、高校レベルの参考書に進んでほしい。

高校レベルの参考書は文法と語法のパートのみを、できれば3週間で終了し、そのあと2週間ほどかけて復習する（ここで言う復習とは、最後まで終わった参考書をまた頭からやりなおすこと、つまり同じ参考書を2周、3周するという意味）。

文法・語法の学習も、進め方は基本的に単語や熟語と同じだ。取り組む参考書で1日の学習範囲を決め（1日10ページ程度を目安に、章ごとのページ数を考慮しながら分量を決めるとよい）、次の方法でその日の学習範囲を完璧に仕上げよう。

❶ 文法・語法の学習法

（1）その日の学習範囲の問題をすべて解き、以下の基準で「○」「△」「×」をつける
　［基準］○：正解するだけでなく、解答の根拠を説明できる
　　　　　△：正解したが、解答の根拠が説明できない
　　　　　×：不正解
（2）ページ単位で区切り、「△」と「×」の問題を解きなおす
（3）その日の範囲全体でもう一度「△」と「×」の問題を解きなおし、すべて「○」にする

▷解説

(1)その日の学習範囲の問題をすべて解き、「○」「△」「×」をつける

・その日に学習すると決めた範囲の問題をすべて解く。
・正解するだけでなく、なぜその選択肢が正しく、ほかの選択肢が間違っているのかを説明できれば「○」をつける。
・正解しても、なぜその選択肢が正しいのか（解答の根拠）を説明できなければ「△」をつける。
・間違えた問題には「×」をつける。

※中学レベルの参考書は、最初に説明を読んでから確認問題を解く形式が多いので、その順番どおりに進めて構わない。また、中学英語の文法問題では、解答の根拠が明白なものばかりなので、「△」を使わずに「○」と「×」をつけるだけでもOKだ。

(2)ページ単位で区切り、「△」と「×」の問題を解きなおす

・その日の学習範囲をページ単位で区切り、そのページで「△」と「×」がついている問題の解説を読んで理解する。
・そのページで「△」と「×」だった問題を解きなおす。
・正解して解答の根拠も説明できれば「○」をつける。
・また「△」か「×」だった場合は、「○」になるまで解説の覚えなおしと解きなおしを繰り返す。
・そのページがすべて「○」になったら、次のページに進む。

(3)その日の範囲全体でもう一度「△」と「×」の問題を解きなおし、

すべて「○」にする

・ページ単位ですべて「○」にしたら、もう一度、その日の範囲全体で「△」や「×」だった問題を解きなおす。

・この総復習でも、また「○」「△」「×」をつけて、すべて「○」になるまで覚えなおしと解きなおしを繰り返す。

・解説などを何も見ずにすべての問題が解けるようになったら、その日の学習は終了。

文法・語法の学習でも、4日進んで2日戻るペースの4日2日勉強法を活用し、学習した内容をしっかり長期記憶に定着させよう。

❶ 図：4日2日勉強法

月曜日	1週間の計画
火曜日	1〜10ページ …（進む）
水曜日	11〜20ページ…（進む）
木曜日	21〜30ページ…（進む）
金曜日	31〜40ページ…（進む）
土曜日	1〜40ページの復習…（戻る）
日曜日	1〜40ページの復習…（戻る）
月曜日	1〜40ページの総復習テスト＆次の1週間の計画

※図中のページ数はあくまでも目安。1日の学習範囲は、参考書の章の区切りとページ数を考慮して決めよう。

※4日2日勉強法について詳しくは、「単語の学習法②」（053ページ）を参照。

▷もし解説を読んでも理解できなかった場合

この場合は、「わかる」のところでつまずいている。そのため、講義系の参考書を読んでみてほしい。おすすめは、『総合英語Evergreen』(いいずな書店)か『一億人の英文法—すべての日本人に贈る「話すため」の英文法』(東進ブックス)だ。これらの本はすべて読む必要はない。丸暗記は絶対にしてはいけない。

▷文法・語法の学習法:まとめ

文法・語法の学習では、4技能すべての土台となる文章構成のきまりを理解して覚え、言葉(単語)の使い方のきまりも覚えて、それらを使えるようになることが重要だ。そのためには、単に問題を解いて覚えるだけでなく、「なぜその解答が正しいのか」という解答の根拠を説明できるようにしておくことが大きなポイントとなる。

文法・語法の学習をおろそかにすると、リーディングだけでなく、リスニング、ライティング、スピーキングでも学習効率が低下してしまう。逆に、ここでしっかり文法・語法を学習しておけば、今後の学習の進み具合を加速度的に早めることができるのだ。参考書を一度完璧に仕上げたあとも、2周、3周と復習して確実に身につけよう。

また、英文法の参考書に出てくる文法用語(「等位接続詞」「不定詞の形容詞的用法」など)についても意味をしっかりおさえておくと、次に取り組む英文解釈や長文読解の参考書でも解説をスムーズに理解できるため、その点にも留意しながら文法・語法の学習を進めよう。

5 英文解釈

英文には、単語さえ知っていれば何となく意味がわかるような、ごく単純な文もある。しかし、少し複雑な文になると、単語、熟語、文法がわかったうえで文の構造をしっかりつかまなければ、意味が理解できなくなってしまう。

文の意味を正しく理解するために、どのように文の構造をつかめばよいか、どのように文を解釈すればよいかを学ぶのが、英文解釈の学習だ。ただ、単語、熟語、文法があまり身についていない状態で英文解釈の学習をはじめても、なかなか学習効果が上がらない。辞書を引くのに時間をとられたり、解説の理解に苦労したりするからだ。

英文解釈の学習は、高校レベルの単語、熟語、文法の学習が一通り終わってから開始しよう。

▷おすすめの英文解釈参考書

◆『大学入試 肘井学の 読解のための英文法が面白いほどわかる本』（KADOKAWA）

◆『基礎英文解釈の技術100』（桐原書店）

◆『ポレポレ英文読解プロセス50』（代々木ライブラリー）

英文解釈では、まず『大学入試 肘井学の 読解のための英文法が面白いほどわかる本』に取り組み、それが終わったら『基礎英文解釈の技術100』に進むとよいだろう。

『大学入試 肘井学の 読解のための英文法が面白いほどわかる本』は、短めの文が1文ずつ出題され、解説では英文にS（主語）、V（動詞）、O（目的語）、C（補語）が振ってあるだけでなく、M（Modifier＝修飾語）のかかり方まで矢印で示されているため、文の構造がたいへん理解しやすくなっている。

『基礎英文解釈の技術100』は、3〜5行程度の文章を読み解きながら、英文解釈に必要な技術（テクニック）が学べるようになっている。これを終えれば、長文読解の学習に進むことができる。

長文読解の学習で早慶レベルや英検1級以上の参考書にまで進む場合は、その前に『ポレポレ英文読解プロセス50』も学習しておくとよいだろう。『基礎英文解釈の技術100』には掲載されていない高度な技術まで学ぶことができるため、長文読解でも難易度の高い参考書に取り組めるようになる。

▷英文解釈の学習法

英文解釈の学習に入る前に、前提条件として、高校1〜2年レベルの単語（『システム英単語 Basic』）、高校レベルの熟語（『速読英熟語』）、高校レベルの文法（『Next Stage 英文法・語法問題』『英文法・語法 Vintage』『スクランブル英文法・語法』のいずれか）まで終わっている必要がある（『速読英熟語』のみ、半分以上が終わった段階でもよい）。

英文解釈の学習も、基本的な進め方は文法の場合と同じだ。1日の学習範囲を決めて、その日の範囲を完璧に仕上げていく。そのなかで重要となるのが、次の3つのポイントだ。

- ✓ SVOCの構造をつかむ
- ✓ 英文を正しく和訳する
- ✓ 英文解釈の技術を覚える

その日の学習範囲で出題された英文について、SVOCの構造をつかみ、正確に和訳して、その英文の解釈に用いた技術を覚えていく。次の方法で学習を進めながら、この3つのポイントを完璧にクリアしていこう。そうすれば、おすすめの参考書2冊を終えるころには驚くほど英文が理解できるようになっているはずだ。

❶ 英文解釈の学習法

(1) その日の学習範囲の問題をすべて解き、「○」「×」をつける
(2) ページ単位で区切り、「×」の問題を解きなおす
(3) その日の範囲全体でもう一度「×」の問題を解きなおし、すべて「○」にする

▷解説

(1)その日の学習範囲の問題をすべて解き、「○」「×」をつける

・その日に学習すると決めた範囲の問題（英文）をコピーする。これは、参考書に直接書き込まずに、同じ問題を何度も解きなおせるようにするため。

・コピーした英文にSVOCを振る。修飾語がある場合はM（Modifier＝修飾語）と書き込み、それが何にかかっているかを示す矢印も書いておく。

・その英文の和訳を書く。頭のなかで和訳を考えるだけでなく、必ず紙に訳文を書き出そう。

・解答・解説でSVOCの構造と和訳を確認し、間違えた問題には「×」、正解した問題には「○」をつける。

・参考書（特に『基礎英文解釈の技術100』）の訳例は、かなり意訳されているものもあるが、自分で訳す場合は直訳で構わない。意味が正しく訳せていれば「○」にする。

(2)ページ単位で区切り、「×」の問題を解きなおす

・その日の学習範囲をページ単位で区切り、そのページで

「×」がついている問題の解説を読んで、その英文の解釈に用いられている技術（「SとCはイコール」「前置詞＋名詞は括弧でくくれ」など）を覚える。このとき、それがどういう技術なのかを人に説明できるようなかたちで覚えることが大切だ。

・そのページで「×」だった問題を解きなおす。
・正解して英文解釈の技術も説明できれば「○」をつける。
・また「×」だった場合は、「○」になるまで解説の覚えなおしと解きなおしを繰り返す。
・そのページがすべて「○」になったら、次のページに進む。

(3)その日の範囲全体でもう一度「×」の問題を解きなおし、すべて「○」にする

・ページ単位ですべて「○」にしたら、もう一度、その日の範囲全体で「×」だった問題を解きなおす。
・この総復習でも、また「○」と「×」をつけて、すべて「○」になるまで覚えなおしと解きなおしを繰り返す。
・解説などを何も見ずにすべての問題が解けるようになったら、その日の学習は終了。

英文解釈の学習でも、4日進んで2日戻るペースの4日2日勉強法を活用し、学習した内容をしっかり長期記憶に定着させよう。

❶ 図：4日2日勉強法

月曜日	1週間の計画
火曜日	1～10ページ …（進む）
水曜日	11～20ページ…（進む）
木曜日	21～30ページ…（進む）
金曜日	31～40ページ…（進む）
土曜日	1～40ページの復習…（戻る）
日曜日	1～40ページの復習…（戻る）
月曜日	1～40ページの総復習テスト＆次の1週間の計画

※図中のページ数はあくまでも目安。1日の学習範囲は、参考書の章の区切りとページ数を考慮して決めよう。

※4日2日勉強法について詳しくは、「単語の学習法②」（053ページ）を参照。

▷英文解釈の学習法：まとめ

英文解釈の学習では、「SVOCの構造をつかむ」「英文を正しく和訳する」「英文解釈の技術を覚える」という3つのポイントを確実にクリアしながら学習を進めることが重要だ。

英文の意味を理解するには、文の構造をつかむことが不可欠なので、SVOCとMを振り、文の構造をしっかりつかんで解釈していこう。

和訳する際には、頭のなかで訳文を作れたとしても、実際に訳文を書いてみるとあやふやな部分が出てくることが多々ある。直訳で構わないので、必ず訳文を書いて、正しい意味に訳せていることを確認してほしい。

英文解釈の技術にはさまざまなものがあり、実際に英文を見たときに、どの技術を使って解釈すればよいかを正しく判断できるようになる必要がある。解説を読んで、その技術を人に説明できるようにしっかり理解しながら覚えよう。

高校レベルの単語、熟語、文法、そして英文解釈の参考書2冊まで、順調にいけば2〜3か月で終えることが可能だ。まだ長文の学習に入る前ではあるが、ここまでの勉強だけで、英文がきちんと理解できる状態になったと感じられるはずだ。

6 長文読解

この章で最初に述べたとおり、長文というのは文がたくさん連なったものなので、単語、熟語、文法、英文解釈の学習まで終わり、ひとつひとつの文を読んで理解できるようになった時点で、すでに長文もかなり読めるようになっているはずだ。

そこで、長文読解の学習は、自分が目指すゴールに向かって、読めるレベルを上げていく学習内容になる。

長文読解の学習方法には、精読と多読の2種類がある。精読は1文ずつ解釈してきちんと読んでいく方法、多読はいろいろな文章をたくさん読むという方法だ。

長文読解の学習をはじめた時点では、ほぼ全文を精読しなければ理解しづらいかもしれないが、徐々に精読の必要性は低下し、読みながらストーリーを追えるようになる。そうなれば、どんどん英語の多読を楽しむとよいだろう。

また、受験や資格・検定試験には、当然のことながら制限時間が設けられている。時間内に問題を解くためには、長文を速く読む力も必要となる。速読力をアップさせるには、まず内容がわかっている英文を何度も音読して、英語の語順で理解できるよう頭に染み込ませる方法が効果的だ（094ページ「音読」参照）。さらに、多読で英文をたくさん読むことで、速読力を鍛えることができる。

ここでは精読と多読に分けて、それぞれの学習法を説明していこう。

▷長文読解の学習法①：精読

精読の場合、受験する大学や資格・検定試験のレベルに応じて参考書を選ぶことが大切だ。おすすめの参考書と対応レベルを示した右の表を参考にして、自分が目指すゴールに合った参考書を選んで取り組もう。

レベル	おすすめ参考書	大学	英検	TOEIC
1	◆『大学入試 英語長文ハイパートレーニング レベル2 標準編』(桐原書店) ◆『大学入試問題集 関正生の英語長文ポラリス（1 標準レベル）』(KADOKAWA)	日大レベル	2級（ギリギリ合格）	400〜550点程度
2	◆『大学入試 英語長文ハイパートレーニング レベル3 難関編』(桐原書店) ◆『大学入試問題集 関正生の英語長文ポラリス（2 応用レベル）』(KADOKAWA) ◆『公式TOEIC® Listening & Reading 問題集7』(国際ビジネスコミュニケーション協会)	GMARCHレベル	2級（余裕を持って合格）	600点程度
3	◆『大学入試問題集 関正生の英語長文ポラリス（3 発展レベル）』(KADOKAWA) ◆『やっておきたい英語長文700』(河合出版) ◆『英検準1級 過去6回全問題集』(旺文社)	早慶レベル	準1級	700点程度
4	◆『極めろ! リーディング解答力 TOEIC® L&R TEST』(スリーエーネットワーク) ◆『英検1級 過去6回全問題集』(旺文社)		1級	950点程度

これらの参考書は基本的に、まず長文を読み、その長文に関する問題に答える形式になっている。

レベル1〜2の参考書は、英文解釈の学習で『基礎英文解釈の技術100』が終わっていればすぐに取り組める。

レベル3以上になると、『基礎英文解釈の技術100』には載っていない技術が必要になるため、いったん英文解釈の学習に戻り、『ポレポレ英文読解プロセス50』を終えてから、長文読解の参考書に取り組もう。

英検やTOEICを受ける場合は、必ず過去問題集で対策しよう。試験対策には、数をこなして問題に慣れ、速く解けるようになることも重要だ。

長文読解は演習をたくさんこなしていく学習なので、繰り返し復習して記憶を定着させる文法や英文解釈の学習とは進め方が異なる。次の方法で、1日1題のペースで進めるとよいだろう。

❗ 長文読解の学習法

(1) 長文を読みながら、知らなかった単語にチェック（✓）をつける
(2) 全文を和訳し、訳せなかった文に星印（★）をつける
(3) 問題を解き、解答・解説を確認して、「○」「×」をつける
(4) チェック（✓）をつけた単語を覚える
(5) 星印（★）をつけた文にSVOCを振り、その英文を解釈する
(6)「×」をつけた問題を解きなおして「○」にする

▷解説

(1)長文を読みながら、知らなかった単語にチェック(✓)をつける

・まず、長文をすべて読む。

・長文のなかに知らない単語が出てきた場合は、あとで覚えるために、長文を読みながらチェック（✓）をつける。

(2)全文を和訳し、訳せなかった文に星印(★)をつける

・長文をすべて和訳していく。

・長文読解の参考書は問題を解くだけで終わりにしてしまう人が多いが、訳せなければ文章を理解していることにならない。頭のなかで訳すだけでなく、必ず紙に訳文を書くようにしよう。

・訳せなかった文があれば、その文のはじめに星印（★）をつける。

(3)問題を解き、解答・解説を確認して、「○」「×」をつける

・その長文に関して出題されている問題を解く。

・解答・解説を確認し、正解した問題に「○」、間違えた問題に「×」をつける。

(4)チェック(✓)をつけた単語を覚える

・チェック（✓）をつけた単語は、90分100語の暗記法と4日2日勉強法で覚える（「単語の学習法①」〈044ページ〉、「単語の学習法②」〈053ページ〉を参照）。

・参考書によっては難しい単語がまとめて記載されているものもあるので、そのリストも活用して覚えるとよいだろう。

(5)星印(★)をつけた文にSVOCを振り、その英文を解釈する

・星印（★）をつけた文を訳せなかったのは、単語を知らなかったからではなく、構文がわからなかったことが原因である可能性が高いため、SVOCを振って英文解釈をする。

・必要に応じて英文解釈の参考書に戻り、英文解釈の技術を確認して覚えなおす。

(6)「×」をつけた問題を解きなおして「○」にする

・「×」をつけた問題は、解答・解説を読んで解答の根拠を確認する。「ほかの選択肢でも正解なのでは？」という疑問を残さないようにしよう。

・長文の場合は人によって解釈が異なる可能性が出てくるが、解答は解答と認め、出題者の意図と自分の解釈のずれを把握しよう。

長文読解の学習は、たくさん覚えて記憶に定着させるといった学習内容ではないため、4日2日勉強法を用いる必要はない。6日進んで1日戻るぐらいのペースで復習をすればじゅうぶんだ。

ただし、チェック（✓）をつけた単語に関しては、90分100語の暗記法と4日2日勉強法を活用して覚えることをおす

すめする。

▷長文読解の学習法②：多読

多読の場合は、精読のように1文ずつSVOCを振って解釈していく必要はない。読みたいものをたくさん読むだけなので、興味のある内容を英語で読むことを楽しもう。

多読用のコンテンツは何でも構わないが、たとえ興味があってもレベルが高すぎるものだと楽しく読めないため、自分のレベルに合ったコンテンツを選ぶことが大切だ。

レベルの目安としては、知らない単語がほとんどなく、おおよその内容を理解しながら10行を1分程度で読めるものを選ぼう。

多読は速読力をアップさせる効果も高く、読めば読むほど速く読めるようになる。速読力が上がれば、受験や資格・検定試験の長文問題もすいすい読めるようになり、時間が足りなくて問題に手をつけられないといった事態も回避できるだろう。

そこで、多読用におすすめなのが、GR（Graded Readers：グレーデッド・リーダー）と呼ばれる洋書のシリーズだ。GRは語彙数や難易度によってレベル分けされているのが特徴で、さまざまな会社が出版している。

なかでもIBCパブリッシング株式会社の「ラダーシリー

ズ」とオックスフォード大学出版局の「オックスフォード ブックワームズ ライブラリー（Oxford Bookworms Library）」は、レベルもジャンルも幅広く、自分の英語力や興味に合った本を選びやすくなっている。

GRはレベルごとに語彙数が制限されており、最も簡単なものは語彙数が250語で英検5級レベル、25ページ程度なので、中学1〜2年の英語力で読むことができる。

誰もが知っている名作や人気映画の原作から、日本の小説の英訳版や話題の本まで、実に幅広い作品が取りそろえられているため、必ず興味を持てる本が見つかるはずだ。レベル分けや作品リストは、各シリーズのWebサイトで確認できる。

◆ラダーシリーズ（IBCパブリッシング株式会社）
https://www.ibcpub.co.jp/ladder/

LEVEL 1	LEVEL 2	LEVEL 3	LEVEL 4	LEVEL 5
Gon, the Fox	Alice's Adventures in Wonderland	The Michael Jackson Story	The Beatles' Story	The Japanese Economy
使用語彙 1000語	使用語彙 1300語	使用語彙 1600語	使用語彙 2000語	使用語彙 制限無し
TOEIC®テスト 300〜400点	TOEIC®テスト 400〜500点	TOEIC®テスト 500〜600点	TOEIC®テスト 600〜700点	TOEIC®テスト 700点以上
英検４級	英検３級	英検準２級	英検２級	英検準１級以上
iTEP 0.0〜1.0	iTEP 1.0〜2.0	iTEP 2.0〜3.0	iTEP 3.0〜4.0	iTEP 4.0以上

◆Oxford Bookworms Library（オックスフォード大学出版局）
https://www.oupjapan.co.jp/ja/gradedreaders/bookworms.shtml

※サンプルページの閲覧または音声の試聴をするには商品画像をクリックしてください。

CEFR	IELTS™	英検	Levels	Headwords	Price	Samples
C1	6.5 - 7.0	1級	Stage 6	Headwords: 2,500 Average word count: 30,000	reader ¥810 audio pack ¥2,350	
B2	5.0 - 6.0	準1級	Stage 5	Headwords: 1,800 Average word count: 23,000	reader ¥810 audio pack ¥2,350	
			Stage 4	Headwords: 1,400 Average word count: 16,000	reader ¥810 audio pack ¥1,600	
B1	3.5 - 4.5	2級	Stage 3	Headwords: 1,000 Average word count: 10,000	reader ¥715 audio pack ¥1,600	
			Stage 2	Headwords: 700 Average word count: 6,500	reader ¥715 audio pack ¥1,300	

GRのシリーズは多読に最適なだけでなく、精読用に使うこともできる。また、音声が利用できるものもあるので、リスニング用の教材としても適している。

GR以外では、日本のマンガの英語版もおすすめだ。『ドラえもん』をはじめ、英語に翻訳されているマンガはたくさんある。すでに日本語で読んだことのあるマンガなら、比較的簡単に読み進めることができるだろう。

▷長文読解の学習法：まとめ

長文読解では、まず自分が目指すゴールに合わせて参考書を選び、精読の学習に取り組もう。長文の内容に関する問題に正解すればよしとするのではなく、全文を訳してきちんと意味が理解できていることを確認しよう。

精読で長文がある程度読めるようになったら徐々に多読にシフトして、英語の読書を楽しみながら、速読力も鍛えよう。

多読のポイントは、GRシリーズなどで自分のレベルに合ったものを選ぶこと。そして、ページをどんどんめくって読みたくなる内容のものを選ぶことだ。シャーロック・ホームズやシェイクスピア、ラブストーリーやノンフィクションなど、ぜひ楽しみながら1冊を読み切る達成感を味わってほしい。それが自信につながり、さらに英語の学習を楽しめるようになるだろう。

英語学習のコミュニティに入ろう！

英語学習のコミュニティに入るということは、一緒に英語を学習する仲間を作るということ。仲間がいれば、夢や目標を語り合ったり、学習の悩みを相談したり、情報交換をしたりすることができる。英語がうまい人や頑張っている人を見ると、自分も頑張ろうという気になり、学習を継続しやすくなるものだ。

英語学習コミュニティにはさまざまなものがあるので、ぜひ自分に合ったコミュニティに入って、一緒に切磋琢磨できる仲間を見つけてほしい。英語マスターへの道を歩むなかで、仲間の存在はきっと大きな力になってくれるはずだ。

学校内の英会話サークル

高校生ならESS（English Speaking Society）部や英語部のある学校がたくさんあるし、大学生なら学校内の英語サークルに入るとよいだろう。ESSサークル、英語研究会、英会話同好会などさまざまな名称のサークルがあり、活動内容もそれぞれだ。気楽に英会話を楽しむサークルもあれば、ネイティブの人を交えて会話練習をしたり、英語スピーチ大会に参加したり、英語劇に取り組んだりするサークルもある。活動の内容やサークルの雰囲気などを見て、自分に合ったサークルを選ぼう。

一般の英会話サークル

英語を学ぶ学生や社会人が集まって交流する英会話サークル

は、数名程度の小さなグループから全国規模の大きな団体まで無数にあり、ほとんどが1回500円〜1,000円程度で参加できる。会の進行は勉強会形式やフリートーク形式などさまざまだが、比較的規模の大きなところはレベルごとにテーブルを分け、英語での自己紹介、その日のテーマにそったグループトーク、1対1のフリートークといったように、内容を決めて進行しているケースが多いようだ。

英語で話す機会や会話練習の場を求める人なら誰でも参加できるサークルがたくさんあるので、自分が参加できる地域の英会話サークルをインターネットなどで探して気軽に参加してみよう。社会人なら会社内でサークルを立ち上げるのもいいかもしれない。

英会話カフェ

ドリンク片手に英語でのコミュニケーションが楽しめる英会話カフェは、主催者が普通のカフェやレストランのスペースを借りて定期的に開催しているケースが多く、カジュアルな雰囲気で気さくに会話できるのが特徴だ。予約が必要なところもあれば、予約なしで参加できるところもあり、料金はワンドリンク制や会費制などさまざま。ネイティブが参加している英会話カフェも多くあり、英会話スクールに比べると格安の料金で自由に英会話が楽しめる。

イベント

日本に暮らす外国人や海外からの旅行者が多く参加するイベントでは、さまざまな国の人たちと交流し、生きた英語に触れることができる。「ミートアップ（Meetup）」（https://www.meetup.com/ja-JP/）や「カウチサーフィン（Couchsurfing）」（https://www.couchsurfing.com/）といったサービス（アプリ）を利用すれば、近隣で開催予定のイベントを見つけて参加できる。イベントの種類は、自由に会話を楽しむイベント、テニスやフットサルなどのスポーツイベント、文化を学ぶイベント、パーティやハイキングなど盛りだくさん。気になるイベントを選んで、ぜひ一度は参加してみよう。日本人参加者も多いので英語学習の仲間ができるし、世界各国の人と友達になることもできる。

日本に住んでいると、英語を使う仕事にでも就いていない限り、日常生活のなかで英語を話す機会はほとんどない。英語学習コミュニティに入れば、英語環境に身を置き、英語がうまくなりたいという意欲を持った人たちや外国人との交流を通して、英会話の経験値を向上させることができる。

いきなりコミュニティに入るのがためらわれる場合は、友人や同僚と一緒に英語を勉強する時間を設けたり、その仲間と一緒に英会話カフェやイベントなどに参加したりしてもよいだろう。自分に合ったコミュニティを見つけ、仲間から刺激を受けつつ楽しく学習を継続すれば、英語力アップ間違いなしだ。

第4章
リスニングの極意

The Secret To
Listening To
English

1 リスニングの学習内容と学習順序

近ごろは学校教育でリスニングが重視されるようになり、CDなどの音源を使った授業や外国人のALT（外国語指導助手）による授業も当たり前になってきた。書店やネットを探せばいくらでもリスニング教材が見つかるだろう。

それでもやはり、相変わらず日本人はリスニングが苦手とされているし、リスニングの学習法に頭を悩ませている人は少なくない。いろいろなリスニング教材にお金をかけても、なかなか成果が上がらないという話もよく聞く。

前述したとおり、母語の習得過程はまわりの人たちが話している言葉を聞くことからはじまり、0歳のうちに母語の音を聞き分けられるようになる。それはつまり、あらゆる音のなかから母語の音だけを抽出できるようになるということであり、それと同時に母語以外の音が聞き取れなくなるということにほかならない。

要するに、第二言語として英語を学ぶなかで、リスニングに苦労するのは当然のことなのだ。だからこそ、これだけたくさんのリスニング教材が出まわり、リスニングを鍛えるさまざまな方法が提唱されているわけだ。

よく耳にする方法のなかには、「英語のシャワー」などと言われるように、とにかく英語をたくさん聞き流す方法がある。ただ、これはどちらかというと母語の習得過程に近いものであり、英語を第二言語として効率的に学ぶ場合に最初におこなう方法として最適とは言えない。

また、大学受験や検定試験のリスニング対策として、参考書に取り組む方法もあるが、次々に参考書の問題を解いていくだけではリスニングの力はつかない。どんなにたくさん問題を解いても、聞き取れる音が増えなければ意味がないのだ。

英語の音声が聞き取れない場合、考えられる理由は2つある。ひとつは、知らない単語がたくさんある場合。その場合はリスニングの学習をするよりも、リーディングの学習に戻って、もっと単語を覚える必要がある。

もうひとつの理由としては、日本語にはない英語の音が聞き取れていないことが考えられる。知らない単語はほとんどないのに英語が聞き取れない場合は、「耳を鍛える」ことが最大のポイントとなる。

ここでは、耳を鍛えて聞き取れる音を増やし、英語の音声を聞いてスムーズに内容を理解できるようになるための学習法として、音読、オーバーラッピング、シャドーイング、ディクテーション、リプロダクションという5つの方法について説明しよう。

この5つの方法の学習順序は、まず音読からはじめ、オーバーラッピング、シャドーイングへと進む。英検2級程度なら、ここまでのリスニング学習で対応可能だ。さらに英検準1級、1級を目指す場合は、それに加えてディクテーションをおこない、リプロダクションまで進むとよいだろう。

この章では、最後に映画を使ったリスニングの学習方法と精聴・多聴についても紹介しよう。

▷おすすめのリスニング学習用教材

- ◆『速読英熟語』(Z会出版)
- ◆『英語リスニングのお医者さん 初診編』(ジャパンタイムズ)
- ◆『英語リスニングのお医者さん 集中治療編』(ジャパンタイムズ)
- ◆『映画英語のリスニング』(DHC)
- ◆『公式TOEIC® Listening & Reading問題集7』(国際ビジネスコミュニケーション協会)

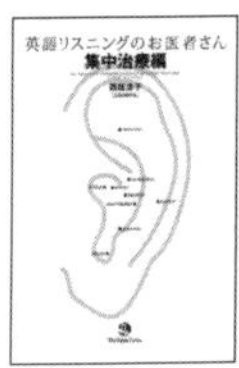

リスニング用の教材は、音声をCDやダウンロードなどで利用でき、全文のスクリプト(台本)があるものを使用する。音声とスクリプトのある教材なら、どの学習法(音読、オーバーラッピング、シャドーイング、ディクテーション、リプロダクション)にも共通して使用可能だ。

リスニング学習用の英文は、新しい文章よりも、すでに読んだことがあり意味がわかっている文章のほうが適している。リーディングの極意の章で紹介した『速読英熟語』などを、リスニングの学習にも利用するのがおすすめだ。
『英語リスニングのお医者さん』と『映画英語のリスニング』のシリーズは、時間に余裕があり、特にリスニングを強化したい場合に、追加教材として使用するとよいだろう。
TOEICを受ける場合は、パート7の過去問題集でリスニング対策をしよう。

▷リスニングの学習に使用する機材

リスニング学習用の教材には、CDが付属しているもの、音源をダウンロードできるもの、その両方が用意されているものがある。リスニングの学習では同じ音声を何度も繰り返し再生するため、自分が使いやすい音源と機材を選ぶことも大切だ。

パソコンがあれば、CDでもダウンロードした音源でも、お好みのアプリケーションで使用できる。場所を問わず手軽に使用したければ、音源をダウンロードしてスマートフォンで再生するとよいだろう。

常に自宅で学習するなら、CDプレーヤーのほうが使いやすいかもしれない。CDプレーヤーはどんなものでも構わないが、語学学習用のCDプレーヤーなら、再生速度を変えられるだけでなく、聞きたいところだけをリピート再生したり、早戻しや早送りを細かくコントロールしたりすることもできて非常に便利だ。

② 音読

「音読」と聞くと、スピーキングの学習のように思えるかもしれないが、実はリスニングの学習で最初にやるべきなのが音読だ。

そもそも、英語と日本語とでは語順が違う。たとえば、「Where is the station?」という英文の場合、日本語との語順の違いは次のようになる。

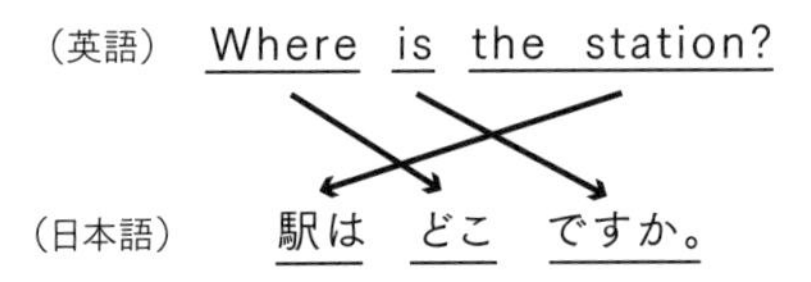

英語の音声を聞き取れるようになるには、耳に入ってきた英文を頭から、つまり英語の語順で理解できるようにする必要があるのだ。

それができるようになるためのポイントは、同じ文章を何十回でも、繰り返し声に出して読むこと。そうするうちに英語の語順が頭に染み込み、英語を英語のまま理解できるようになる。

▷音読の学習法

単語と文法がある程度わかっていないと音読するのは難しいため、音読の学習は、高校1〜2年レベル（『システム英単語 Basic』）の単語と高校レベルの文法（『Next Stage 英文法・語法問題』『英文法・語法 Vintage』『スクランブル英文法・語法』のいずれか）が終わり、熟語の学習に入る段階になってから開始する。リーディングの学習で使用している参考書をリスニングの学習にも活用し、次の方法で進めよう。

❶ 音読の学習法

(1) スクリプトを見ながら音声を聞く
(2) スクリプトを音読する

▷解説

(1)スクリプトを見ながら音声を聞く

・まず、CDやダウンロードの音声を再生して聞く。
・聞きながら発音を確認する。
・音声は最初に1回だけ聞いても、必要に応じて繰り返し聞いてもよい。

(2)スクリプトを音読する

・音声を止めて、スクリプトを声に出して読む。
・１日に15分～30分程度、同じ文章を繰り返し音読する。
・おすすめの教材に掲載されている長文であれば、1日に1つの長文を最低2～3回、できれば10回ほど音読しよう。

音読は非常にシンプルな方法だが、繰り返しおこなうことで大きな効果が得られる。音読しながら英文が頭に染み込み、英語の語順で意味が理解できるようになるまで何度でも繰り返そう。

3 オーバーラッピング

オーバーラップ（overlap）という単語には、「重なる」「覆いかぶさる」という意味がある。リスニングの学習におけるオーバーラッピング（overlapping）は、英語の音声に重ねて音読する学習方法のことだ。

音読の場合は、最初に音声を聞いて発音を確認したあと、音声を止めて自分のペースでスクリプトを読んでいくが、オーバーラッピングでは音声を聞きながら音読する。

つまり、自分のペースではなく、CDやダウンロードの音声と同じスピードで音読できるよう練習することになるため、オーバーラッピングを繰り返すことで、そのスピードに耳がついていけるようになるのだ。

▷オーバーラッピングの学習法

音読で英語を英語のまま理解できるようになったら、次は同じ文章を使ってオーバーラッピングをしよう。すでに何度も音読した文章なので、ここでは音声のスピードについていくことに重点を置いてほしい。発音についても、できる限り音声の発音に近づけていこう。

❗オーバーラッピングの学習法

（1）音声を聞く
（2）音声を聞きながら、スクリプトを音読する

▷解説

(1)音声を聞く

・CDやダウンロードの音声を再生して聞く。
・機器やアプリによっては音声の速度を変えられるものがあるので、必要に応じて速度を落としてもよいが、最終的にはもとの速度で再生しよう。

(2)音声を聞きながら、スクリプトを音読する

・英語の音声を聞きながら、その音声に重ねてスクリプトを声に出して読む。
・1日に15分～30分程度、同じ文章を繰り返しオーバーラッピングする。
・おすすめの教材に掲載されている長文であれば、1日に1つの長文を最低2～3回、できれば10回ほどオーバーラッピングしよう。

最初は少し難しく感じるかもしれないが、オーバーラッピングを何度も繰り返すうちに、再生している音声と自分が読む声の両方が自然に耳に入ってくるようになる。

どうしても音声のスピードについていくのが難しい場合は、

再生速度を下げても構わない。ただ、音読が足りていない可能性もあるため、その場合はいったん音読に戻り、もっとスムーズに読めるよう練習したほうが効果的だ。

4 シャドーイング

シャドー（shadow）は「影」という意味の名詞だが、「影のようにつきまとう」「尾行する」という意味の動詞でもある。シャドーイング（shadowing）は、英語の音声を聞いて、それを影のように追いかけながら、音声を真似して発声していく方法だ。

音読やオーバーラッピングとは異なり、シャドーイングはスクリプトを見ずにおこなう。音声は止めずに流し続け、耳から入ってきた英語をそのまま口から出すわけだが、その間も音声はどんどん先に進んでいくので、「聞く」と「発声する」を同時におこなう必要があるのだ。

シャドーイングでは、聞こえてくる音声に集中し、同じスピード、同じ発音でその英語を発声できるよう練習する。何度も繰り返すうちに、英語のスピードと発音に慣れ、聞き取れる音が増えていくのが実感できるだろう。

また、聞けるスピードが上がればリーディングで速読できるようにもなる。さらに、英語のイントネーションやリズムが身について、スピーキングが上達するという効果もある。

▷シャドーイングの学習法

「聞く」と「発声する」を同時におこなうシャドーイングは、最初はかなり難しく感じるのが普通だ。シャドーイングに関する本などには、はじめて聞く音声を使った方法が書かれているが、まずは音読で英語の語順どおりに理解できるようにし、オーバーラッピングで英語のスピードに慣れてから、同じ文章を使ってシャドーイングする方法がおすすめだ。

❗ シャドーイングの学習法

(1) 音声を聞く
(2) 音声を聞きながら、英語を真似て発声していく
(3) 自分の声を録音して確認する
(4) スクリプトを確認する
(5) (2)～(3)を繰り返す

▷解説

(1)音声を聞く

・CDやダウンロードの音声を再生して聞く。
・話されている内容について、おおまかに意味を把握する。
・すでに音読とオーバーラッピングで何度も聞いている音声であれば、このステップは省略してもよい。

(2)音声を聞きながら、英語を真似て発声していく

・CDやダウンロードの音声を聞きながら、聞こえたとおりに発声していく。

・音声で1文が終わるまで待つのではなく、1文の最初の単語が聞こえてきたらすぐに真似て発声しはじめ、そのあとの文もどんどん続けて真似ていく。
・英語の音声と同じスピード、同じ発音で、イントネーションやリズムも真似しながら発声する。
・小声で英語を真似るだけではあまり効果がない。大きな声で、はっきりと発音しよう。
・聞き取れなかったり、うまく発音できなかったりした部分があっても、音声を止めてはいけない。そのまま音声を流し続けてシャドーイングを進めよう。

(3)自分の声を録音して確認する

・英語を真似て発声するだけでなく、自分の声を録音することで、さらにシャドーイングの学習効果が上がる。
・録音する際には、英語の音声を再生する機器のほかに、自分の声を録音する機器も必要になる。CDプレーヤーで英語を再生しながらスマートフォンで録音する、といったような工夫をするとよいだろう。
・録音した自分の声を聞き、CDやダウンロードの音声と比較して、つまずいたところや発音ができていないところを確認する。
・イントネーション、リズム、抑揚などもチェックしよう。

(4)スクリプトを確認する

・スクリプトを読み、聞き取れなかった単語や文章の意味、発音などを確認する。

(5) (2)〜(3)を繰り返す

・(2) のシャドーイングを何度も繰り返す。
・(3) の録音と確認は、毎回おこなう必要はない。(2) のシャドーイングだけを何度も繰り返し、ときどき録音して、まだできていないところを確認しよう。
・1日に15分〜30分程度、同じ文章を繰り返しシャドーイングする。
・おすすめの教材に掲載されている長文であれば、1日に1つの長文を最低2〜3回、できれば10回ほどシャドーイングしよう。
・慣れてきたら、話されている内容も意識して、自然に頭のなかに英文の意味が入ってくる状態になるまでシャドーイングを続けよう。

シャドーイングは、「聞く」と「発声する」を同時におこなう難易度の高い学習法ではあるものの、リスニングの力をつけるには極めて効果の高い方法だ。シャドーイングを繰り返すことで、聞き取れる音が増えるだけでなく、速読力やスピーキング力も強化できる。

英語が聞き取れていなければ自分で発声することはできないので、シャドーイングができるようになるということは、英語が聞き取れるようになるということでもある。最初は難しく感じても、繰り返し練習するうちに上達を実感できるので、根気よく練習を重ねよう。

リーディングの極意の章で紹介した『速読英熟語』『ハイパートレーニング』『ポラリス』などの教材を使ってシャドーイングをおこなえば、英検2級レベルのリスニング問題までじゅうぶん対応できる。それ以降は、ほかにもさまざまな教材を使ってシャドーイングを継続していこう。

5 ディクテーション

ディクテーション（dictation）は「書き取り」という意味だが、「文字起こし」や「口述筆記」と言ったほうがわかりやすいかもしれない。英語の音声を聞き、聞こえたとおりに書き取っていく方法だ。

たとえば、英語の音声を再生し、「I have dog」と聞こえたら、そのとおりに文字を書いていく。そのあとスクリプトを確認し、実は「I have a dog」が正しかったということであれば、dogの前の「a」という音が聞き取れていなかったことがわかる。

このように、ディクテーションでは、自分が苦手な音や聞き取りにくい音を把握し、細かい部分まで正確に聞き取れるように耳を鍛えていく。細かい部分とはいえ、場合によってはその音を聞き逃すと意味が大きくずれる可能性があるため、細部までしっかり聞き取れるよう訓練するディクテーションは、意味を正確にとらえるうえで非常に有効な方法だ。

▷ディクテーションの学習法

ディクテーションでは、音声を聞いて全文を書き取っていくため、作業の負荷が大きく時間もかかる。また、いきなりディクテーションだけをやっても、費やす時間と労力に見合った効果は得られない。

音読、オーバーラッピング、シャドーイングの練習をじゅうぶん重ね、ほぼ全体が聞き取れるようになってから、さらにリスニング力を強化して細かい部分まで正確に聞き取れるようになるための方法として、ディクテーションに取り組もう。

❗ディクテーションの学習法

(1) 音声を聞く
(2) 聞こえたとおりに書き取る
(3) スクリプトと照合する
(4) 聞き取れなかったところを確認する

▷解説

(1)音声を聞く

・CDやダウンロードの音声を再生して聞く。

・1回で聞き取れなかった場合は、繰り返し聞いてもよい。

(2)聞こえたとおりに書き取る

・聞き取った音声をそのまま文字に書き取る。

・書き取る方法は、手書きでもタイピングでもよい。

・タイピングする際は、パソコンやタブレットなど、何を使用してもよい。ただし、予測変換機能がある場合はオフにして、単語のつづりはすべて自分で入力するようにしよう。

・音声で1文が終わるまで待つのではなく、1文の最初の単語が聞こえてきたらすぐに書き取りをはじめ、そのあとの文もどんどん続けて書き取っていく。

・音声をいちいち止める必要はないが、普通は書き取りが音声に追いつかなくなるため、一時停止しながら書き取っていけばよい。

(3)スクリプトと照合する

・スクリプトを見て、書き取った文章に間違ったところがあれば赤字で訂正する。

(4)聞き取れなかったところを確認する

・赤字で訂正したところが聞き取れなかった原因を検証する。

・冠詞のa、anやthe、三単現のsや名詞複数形のs、否定短縮形のn'tなどの音は聞きもらしやすいものだ。こうした細かいところの発音までしっかり確認しよう。

・自分が聞き取りにくい音は、何度も音声を聞いて自分でも発音し、集中的に練習しよう。

・単語の発音がわかっていなかった場合、その単語の発音を再確認し、発音練習をする。
・スペルミスの場合は、単語のつづりを確認して覚えなおす。

音読、オーバーラッピング、シャドーイングの練習を重ねれば、英検2級レベルのリスニング力をつけることができる。それ以上のレベルに達するには、細かい部分まで正確に聞き取れるようになる必要があるため、ディクテーションもやっておこう。

TOEIC 740点以上を目指す人は、時間に余裕があれば、『英語リスニングのお医者さん』に取り組むとよいだろう。この本は、最初の診断テストで自分が聞き逃しやすい音の傾向をつかみ、苦手な音だけをピックアップして矯正できるようになっている。

また、ディクテーションができるレベルにまでリスニング力がつけば、映画もある程度わかるようになるので、『映画英語のリスニング』のシリーズもおすすめだ。このシリーズでは、オリジナルの映画を楽しみながら、その映画を1本まるごとディクテーションするなかでリスニング力を強化していくことができる。

耳で聞いて文字に書き取るディクテーションは難易度が高いため、最初はリーディングの極意の章で紹介した『速読英熟語』『ハイパートレーニング』『ポラリス』などの教材を使い、音読、オーバーラッピング、シャドーイングをじゅうぶんおこなってから、同じ音声を使ってディクテーションをはじめよう。慣れてきたら、自分のレベルに合った教材を選んでトライしてみるとよいだろう。

6 リプロダクション

リプロダクション（reproduction）は「再生産」「再現」という意味で、簡単に言えば、音声を聞いて1文まるごと真似て発声する（再現する）方法。

英語の授業で先生が「リピート アフター ミー（Repeat after me）」と言って英文を読み、生徒が復唱するのと基本的には同じだ。ただし、リプロダクションでは1文の長さが2～3行以上にわたることもある。この長さの文を復唱するのは非常に難しく、リプロダクションは通常、英検1級以上のレベルやプロの通訳を目指す場合の学習法になる。

リプロダクションは、英語の音声を聞いて再現するだけのシンプルな方法だが、実は聞いた英語を覚えて復唱しさえすればよいというものではない。英文の構造と意味を理解し、それを脳のなかの一時的な記憶領域（作業記憶）に保持して、正確に文を再構築して発声するというプロセスがリプロダクションだ。

作業記憶とは、たとえば電話番号を聞いてメモするまでのあいだ一時的に覚えておき、その作業が終わればすっかり忘れてしまうような記憶のこと。リプロダクションはこの作業記憶を鍛え、英文を単語の連なりではなく意味のまとまりとして一時的に記憶して、文を正確に組み立てなおす力をつけることが第一の目的となる。

このように、リプロダクションは極めて高レベルの学習法だが、ディクテーションまでの学習でほぼ完璧に聞き取れるようになったものの、文が長くなると意味を追いづらいというような場合にも効果が高いため、リスニング上級者を目指す人はぜひチャレンジしてみてほしい。

▷リプロダクションの学習法

英語の音声を聞いてまるごと再現するだけとはいえ、英文の構造と意味を正確にとらえて記憶し、文を再構築して発声することが必要となるリプロダクションは、非常に難易度が高く作業負荷の大きい学習法だ。

はじめて聞く音声や長すぎる文を使うと挫折しやすいため、短めの文からはじめ、シャドーイングやディクテーションまでしっかりおこなってからリプロダクションに取り組んでほしい。慣れてきたら新しい文章にも挑戦しよう。

❶ リプロダクションの学習法

(1) 音声を聞く
(2) 音声を止めて、聞いた英文を発声（再現）する
(3) 音声を確認する
(4) (1)～(2)を繰り返す

▷解説

(1)音声を聞く

・CDやダウンロードの音声を再生して聞く。

・1回で聞き取れなかった場合は、繰り返し聞いてもよい。

(2)音声を止めて、聞いた英文を発声(再現)する

・1文が終わったら音声を止める。

・文が長すぎると感じる場合は、途中で一時停止してもよい。徐々に再生する長さを伸ばしていこう。

・聞いた英文を声に出して発声（再現）する。

・英語の音声のスピード、発音、イントネーション、リズム、抑揚を正確に再現しよう。

・聞いた英文を単に暗記するのではなく、文の構造と意味をつかみ、意味のかたまりとして記憶したうえで、自分で英文を組み立てて再現するよう意識しよう。

(3)音声を確認する

・音声を聞いて、正確に再現できたかどうかを確認する。

・必要であればスクリプトも確認しよう。

(4) (1)～(2)を繰り返す

・(1) ～ (2) の、音声を聞いて再現する作業を繰り返す。

・正確に再現できるまで、何度でも繰り返そう。

リプロダクションは、プロの通訳者が訓練に使う高度な学習法だ。英検1級やTOEIC 900点以上を目指す場合でも、必ずしもリプロダクションが必要なわけではない。

ただ、リプロダクションでは聞いた英文の構造と意味を正確につかみ、自分で文を組み立てなおして発声する訓練をおこなうため、リスニング力だけでなくスピーキング力も同時にアップさせることができる。

シャドーイングやディクテーションを楽にできるようになってからでないとあまり効果は見込めないが、英検1級やTOEIC 900点以上を目指すレベルになったら、ぜひリプロダクションにも取り組んでみてほしい。

7 映画を使ったリスニング学習法

英語の映画を字幕なしで観られるようになると、役者の演技や語り口、微妙なニュアンスなども存分に味わうことができ、映画を観る楽しさが倍増する。

ただ、リスニングがある程度できるようになっても、映画のなかで話されている英語を聞き取るのは難しいものだ。リスニング教材の音声のようにはっきりとした話し方ばかりではないし、スピードが速かったり、くだけた口語表現やスラングが多用されていたりするからだ。

そのため、映画をリスニングの学習に使って効果が見込めるのは、英検1級やTOEIC 900点以上を目指すレベルになってからになる。
とはいえ、映画を教材として利用することには、楽しみながら学習を継続できるという大きなメリットがあるので、もう少し早い段階で息抜き程度に取り入れてもよいだろう。
ここでは映画を使ったリスニングの学習法を2通り紹介しよう。

▷映画を使った学習法①:スクリーンプレイ・シリーズ

映画の場合、話されているセリフを文字で確認できるものが字幕しかないため、教材としてはあまり使い勝手がよくないが、英語学習用の「スクリーンプレイ・シリーズ」(株式会社フォーイン)を使えば、スムーズに映画でリスニングの学習ができる。
スクリーンプレイ・シリーズは「映画完全セリフ集」と呼ばれるもので、映画1本のセリフがすべて1冊の本にまとめられている。さらに、全文の和訳と難しい単語や表現の解説まで掲載されていて、いちいち自分で調べる必要がないため、すぐに映画を使ってリスニングの学習をはじめることができる。

現在、スクリーンプレイ・シリーズとして100本ほどの映画のセリフ集が販売されている。『ローマの休日』のような不朽の名作から『ニュースの真相』といった社会派ドラマ、『プラダを着た悪魔』や『シャーロック 忌まわしき花嫁』などの人気タイトルもある。

スクリーンプレイ・シリーズを利用する場合、まずこのシリーズのなかから1冊を選んで購入し、その映画のメディア（DVD、ブルーレイ、配信サービスなど）を別途レンタルまたは購入して用意する。映画を日本語字幕で観てストーリーを把握したあと、この章で説明した5つの学習法を音読から順に進めていこう。

◆スクリーンプレイ・シリーズ（株式会社フォーイン）
https://www.screenplay.jp/

スクリーンプレイ・シリーズは、リスニングの難易度によって初級から最上級の4段階にレベル分けされている。タイトルを選ぶ場合はこのレベル分けも参考にするとよいだろう。

また、iPenというスピーカー内蔵のペンに対応したバージョンもあり、本のページ上で英文にiPenをあてるだけで音声を聞くことができる。このiPenを使うと料金は高くなるが、毎回DVDなどを早戻し・早送りしなくても、聞きたい部分だけを何度でも手軽に再生できる。

▷映画を使った学習法②:普通の映画DVD

スクリーンプレイ・シリーズにはない映画タイトルを使ってリスニングの学習をすることもできる。その場合、セリフを確認するために英語の字幕が必要になるので、日本語字幕だけでなく英語字幕も表示できるDVDを使用する。現在は配信サービスでも英語字幕が見られるタイトルが増えているが、チャプターごとに分かれているDVDのほうが使いやすいだろう。

❗ 普通の映画DVDを使った学習法

(1) 英語音声、日本語字幕で映画を観る
(2) 英語音声、英語字幕で映画を観る
(3) 英語音声のみで映画を観る

▷解説

(1)英語音声、日本語字幕で映画を観る

・最初は字幕を日本語にして、英語音声で映画を観る。

・普通に映画を鑑賞するときと同じように、楽しみながら映画を観てストーリーを把握しよう。

(2)英語音声、英語字幕で映画を観る

・次に、字幕を英語にして、英語音声で映画を観る。

・英語の音声を聞きながら、英語字幕を追いかけて観るようにしよう。

(3)英語音声のみで映画を観る

・最後は字幕をオフにして、英語音声のみで映画を観る。

息抜き程度に映画を観るのであれば、これだけで構わない。しっかりとリスニングの学習をしたり、映画のなかに出てきた単語や表現を覚えたりするのであれば、映画をチャプターごとに区切って何度も英語音声で観て、シャドーイングなどをおこない、単語や表現も自分で調べて覚えよう。

8 精聴と多聴

リーディングに精読と多読があるように、リスニングにも精聴と多聴がある。

この章で紹介した音読、オーバーラッピング、シャドーイング、ディクテーション、リプロダクションという5つの方法は、いずれも精聴の学習法だ。精聴では単語をひとつも聞きもらさないように1文ずつ集中して聞き、英語の音声を正確に聞き取って正しく意味を理解できるようにし、ひとつひとつの単語の意味や発音もしっかり確認する。

一方、おおまかに意味がつかめればよしとして、細かいところは気にせずに、とにかく英語をたくさん聞くことを重視するのが多聴だ。つまり、精聴は質を重視し、多聴は量を重視する学習法と言える。

いわゆる「英語の聞き流し」は多聴の学習法になるが、リスニングの力をつけるには、まず精聴をしっかりやる必要がある。あまり聞き取れない状態では、いくら多聴してもほとんど効果がないからだ。最初はこの章で説明した精聴の学習を重ね、聞き取れるようになってきたら徐々に多聴にシフトしよう。以下に紹介する多聴用コンテンツをぜひ活用してほしい。

▷多聴用コンテンツ①：YouTube

膨大な量のコンテンツを無料で視聴できるYouTubeは、多聴用コンテンツの宝庫。音声だけでなく映像もあって内容を理解しやすいうえ、ありとあらゆるジャンルのコンテンツが無数にある。興味を持って視聴できる動画が必ず見つかるはずだ。

パソコンでYouTubeのWebサイト(https://www.youtube.com/)にアクセスするか、スマートフォンやタブレットなどでYouTubeアプリを開き、検索フィールドにキーワード(cooking、comedy、footballなど、自分が興味のあること)を入力して検索し、お気に入りのチャンネルを見つけよう。

英語のYouTubeチャンネルには英語字幕を表示できるものが多いので、多聴だけではなく精聴にも利用できる。

▷多聴用コンテンツ②：ポッドキャスト(Podcast)

ポッドキャストもYouTubeと同様に、多彩なコンテンツが豊富にそろっている。動画はなく音声のみだが、そのぶん音声はYouTubeより聞きやすいものが多い。

ポッドキャストを聞く方法はいくつかあり、最も簡単なのはアプリを利用する方法だ。主なアプリにはApple Podcast、Spotify、Google Podcastsなどがあり、いずれも無料でスマートフォンなどにダウンロードして利用できる。

また、BBC Podcasts (https://www.bbc.co.uk/podcasts)など、ポッドキャストを配信しているWebサイトにアクセスし、ダウンロードやストリーミング再生で聞くこともできる。

ポッドキャストの場合も検索フィールドに英語でキーワードを入力すれば、聞きたいコンテンツを見つけることができる。

▷多聴用コンテンツ③:
BBCラーニング イングリッシュ(BBC Learning English)

BBC(英国放送協会)が運営するBBC Learning Englishというwebサイト(https://www.bbc.co.uk/learningenglish/)には、英語学習者向けのさまざまなコンテンツがまとめられている。

特に「Vocabulary」のページにある「6 Minute English」という音声シリーズは非常によく作られているので、ぜひチェックしてみてほしい。

多聴用のコンテンツとしては、「News」と「Business」のページにある動画もおすすめだ。単に聞き流すだけでも構わないし、問題に答えてリスニング教材として利用してもよいだろう。

このサイトには、ほかにも発音や単語、文法のレッスンなど、英語学習者向けの動画がたくさんあり、英語で英語を学ぶことができる。アプリ版もあるので、スマートフォンなどで場所を問わず利用することも可能だ。

▷多聴用コンテンツ④:
NHKワールド JAPAN(NHK WORLD-JAPAN)

NHK WORLD-JAPANはNHKの国際サービスで、英語だけでなく多言語でさまざまな情報を発信している。ケーブルテレビやラジオのほか、インターネット(https://www3.nhk.or.jp/nhkworld/)やアプリでも、ニュースやオンデマンドの番組を視聴できる。

日本に関する情報が多いため内容を理解しやすく、時事問題や文化、芸術など、普段テレビや新聞で目にするコンテンツを英語で視聴できておすすめだ。

▷多聴用コンテンツ⑤：ユーグリッシュ（YouGlish）

YouGlish（https://youglish.com/）は、単語やフレーズを検索フィールドに入力すると、その単語やフレーズが含まれる動画が表示されるWebサイト。動画は主にスピーチやインタビューなどで、Next（次へ）ボタンを押すと、その単語やフレーズが出てくる別の動画が表示される。

ひとつの単語を検索し、Nextボタンを押してどんどん次の動画に移動していくと、その単語をさまざまな人の発音で聞くことができる。また、1本の動画をそのまま流せば、多聴用コンテンツとして利用できるようになっている。

▷リスニングの学習法：まとめ

リスニングの学習法には、音読、オーバーラッピング、シャドーイング、ディクテーション、リプロダクションという5つの方法があり、音読から順に練習を重ねていくことが大切だ。

リーディングの学習に使った教材を利用して、すでに知っている英文の音読を繰り返すことからはじめよう。英語の語順で理解できるほど頭に染み込んでから、オーバーラッピングに進んで英語音声のスピードに慣れ、シャドーイングで聞ける音を増やしていく。次に、細かい部分まで正確に聞き取れるようにディクテーションをおこない、さらに高いレベルを目指す場合はリプロダクションにも取り組もう。

以上の方法で精聴の学習をじゅうぶんおこなったら、映画を教材に使ったり、さまざまなコンテンツを多聴したりして、どんどん耳を鍛えていこう。

多聴の段階になると、ある程度は英語でコミュニケーションできるようになっているはずなので、ぜひ英語学習のコミュニティや英会話カフェに参加したり、ミートアップ(Meetup)、カウチサーフィン(Couchsurfing)といったプラットフォームを使ってイベントに参加したりしてみてほしい(087ページ参照)。英語ネイティブだけでなく非ネイティブの人たちの英語もたくさん聞くことで、さらにリスニング力をのばすことができるのだ。

リスニングの学習は、練習すればするほど確実に上達を実感できる。また、単に耳が鍛えられるだけでなく、スピーキング力の向上にもつながる。地道に練習を重ね、確実に実力をアップさせていこう。

第5章
ライティングの極意

The Secret To
Writing English

1 ライティングの学習内容と学習順序

リーディングと比べてライティングのほうが難しいと感じる人は少なくない。英文は単語と熟語、文法、構文がわかっていれば書けそうなものだが、いざ自分で書くとなると、本当に正しい英文が書けているのだろうか、英語らしい表現ができているのだろうかと不安になり、なかなか自信が持てないからではないだろうか。

英検1級レベルになると、英語で考えて英語で書けるようになるが、それまでは日本語で考えてから英文を書くことになる。つまり、日本語で組み立てた文章を英語に訳すわけだ。そこで、ライティングの学習は、まず和文英訳が完璧にできるようにしていくことからスタートする。

ライティング上達へのいちばんの近道は、まず和文英訳の参考書を使って、応用のきく英文のパターンを覚えること。もちろん、同じ内容を書くにも表現方法はいくつもあり、的確な表現や伝わりやすい表現ができるに越したことはない。けれども、基本となる英文の型をある程度覚えてしまえば、たとえ少々まわりくどい表現であっても、その型を応用することで書きたいことがほとんど書けるようになる。

また、よく使われる自然な英語表現をフレーズ（句）の単位で覚えることも非常に有効だ。これも和文英訳の型と同じで応用がきくため、ライティング力のアップにおおいに役立つ。

和文英訳の型とよく使われるフレーズを覚え、書きたいことがほぼ書けるようになったら、自由英作文の学習に進もう。自分で自由に英文を書き、英語ができる人に添削してもらうことで、表現の幅を広げ、もっと自然な英語が書けるようにライティング力を向上させていくのだ。

わたし自身、この方法でライティングの学習をしてきたおかげで、TOEIC Writingの試験でも直前の対策を一切せずに満点（200/200）をとることができた。

この章では、和文英訳の学習法とフレーズの覚え方を説明し、続けて自由英作文の学習法を紹介する。さらに、英検向けの学習でライティング力をアップさせるポイントについても触れることにする。

2 和文英訳

ライティングの学習では、いきなり自由に英文を書こうとするよりも、まず和文と英文（対訳）をセットにして覚えるほうがはるかに効果的だ。ある程度の数の対訳セットを和文英訳のパターンとして頭のなかにストックしておけば、それを応用してほぼどんな内容でも英文にできるようになる。

たとえば、「40歳まで独身でいることは、日本人男性にとって普通のことだ」という和文と「It is common for Japanese men to remain single until 40.」という英文をセットで覚えておけば、common、Japanese men、remainをほかの単語と入れ替えるだけで、「たばこをやめることはわたしにとって良いことだ（It is good for me to quit smoking）」「この問題に対処することは私たちの会社にとって重要だ（It is important for our company to address this issue）」など、さまざまな文を作ることができる。

自信を持って英文が書けるようになるには、対訳セットの英文を一言一句もらさず正確に覚えることがポイントとなる。ここで覚えた対訳セットは、ライティングはもちろんのこと、スピーキングでも非常に役立つので、ぜひ完璧に覚えるようにしてほしい。

▷おすすめの和文英訳参考書

- ◆『大学入試 英作文 ハイパートレーニング 和文英訳編』（桐原書店）
- ◆『ドラゴン・イングリッシュ基本英文100』（講談社）

和文英訳の入門書としては、文が短くわかりやすい『大学入試 英作文 ハイパートレーニング 和文英訳編』がおすすめ。英検2級までならこの1冊で対応可能だ。

それ以上を目指す場合は『ドラゴン・イングリッシュ基本

英文100』を使用する。この参考書には良質な英文が100文掲載されており、和文英訳で基本となる型をしっかりおさえられる。さらに、文法事項も確認しながら類似の表現も学べるため、表現の幅を広げることができる。

▷和文英訳の学習法

和文英訳の学習は、リーディングの学習が単語、熟語、文法、英文解釈まで終われば開始できる。長文読解の学習をはじめるのと同じタイミングで和文英訳の参考書に取りかかろう。

『大学入試 英作文 ハイパートレーニング 和文英訳編』は1か月程度で終わらせて、英検2級に合格するまで復習を繰り返そう。『ドラゴン・イングリッシュ基本英文100』は英検2級に合格してから、1日5文、1週間に20文のペースで進めて5週間程度で終了し、準1級に合格するまで総復習を繰り返すとよいだろう。

❗和文英訳の学習法

(1) その日の学習範囲の問題を和文英訳する
(2) 解答・解説を確認して、「○」「△」「×」をつける
(3) 「△」と「×」だった問題を英訳しなおし、すべて「○」にする

▷解説

(1)その日の学習範囲の問題を和文英訳する

・その日に学習すると決めた範囲の問題（和文）を英訳する。
・頭のなかだけで英訳するのではなく、必ず英訳した文を書く。
・繰り返し復習できるようにするため、英訳は参考書に直接書き込まず、ノートなどに書こう。

(2)解答・解説を確認して、「○」「△」「×」をつける

・自分の英訳と解答・解説を見比べ、一言一句まで完璧に合っていれば、参考書の問題の横に「○」をつける。
・間違っていれば「×」をつける。
・些細な間違い（a、the、sが抜けているなど）であれば、「△」をつける。

(3)「△」と「×」だった問題を英訳しなおし、すべて「○」にする

・「△」と「×」だった問題は、解答の英文を覚える。
・覚えるときには解説を読んで、なぜそのような英文になるのかを理解したうえで、音読して覚える方法がおすすめ。
・もう一度、自分で英訳しなおし、解答を確認して、また「○」「△」「×」をつける。
・その日の学習範囲の問題がすべて「○」になるまで、英訳と覚えなおしを繰り返す。

和文英訳の学習は、対訳のセットを覚えることがポイント

となるため、4日進んで2日戻るペースの4日2日勉強法で、長期記憶にしっかり定着させよう。

図：4日2日勉強法

月曜日	1週間の計画
火曜日	1～5文 …（進む）
水曜日	6～10文 …（進む）
木曜日	11～15文 …（進む）
金曜日	16～20文 …（進む）
土曜日	1～20文の復習 …（戻る）
日曜日	1～20文の復習 …（戻る）
月曜日	1～20文の総復習テスト＆次の1週間の計画

※図中の分量（文の数）はあくまでも目安。1日の学習範囲は、自分の目標や学習ペースに応じて決めよう。
※4日2日勉強法について詳しくは、「単語の学習法②」（053ページ）を参照。

和文英訳の問題は、自分で英訳した文が完璧に解答と一致していなければ「○」にはならない。だから、リーディングの参考書などと比べて、「○」になるまで時間がかかる。それまでに何度も「×」や「△」を繰り返すのが普通なので、焦らずに根気強く取り組もう。

対訳のセットを覚える際には、参考書に付属しているCDも活用しよう。CDは最初に和文が読まれ、続けて英文が読まれる構成になっているので、対訳を耳から聞いて覚えるのにとても役に立つ。

▷和文英訳の学習法：まとめ

和文英訳の学習では、和文と英訳の対訳セットを一言一句まで完璧に覚えることがポイントとなる。参考書付属のCDなどを活用し、4日2日勉強法でしっかりと長期記憶に定着させよう。

英語をマスターするには、和文英訳は絶対に避けて通れない学習だ。スピーキングで自分が正しく英語を話せているかどうかを判断するにも、それを判断できる力が必要になる。ここで和文英訳の学習をどれだけ完璧に仕上げるかによって、その判断力が変わってくるのだ。

和文英訳の参考書は、最後まで終わったあとも、時間をかけて10周でも20周でも総復習を繰り返そう。それだけ徹底的に学習するには半年ほどかかるかもしれないが、すべて完璧に覚えるころには、ほぼどんな和文でも、見ただけで英文の型が自然に思い浮かぶようになっているはずだ。

3 自然な英語のフレーズ

英語に限らずどの言語でも、よく使う言いまわしがある。たとえば、日本語で「影響」という言葉を使う場合、「～に良い（悪い）影響を与える」という言い方をよくする。英語で「影響」を意味する単語は「influence」で、これはリーディングの単語学習で覚えることだ。では、この単語を使って英文を作成する場合、どのような言いまわしをすればよいのだろうか。

それを考えるのに役立つのが、単語を覚える際に使用した『システム英単語』のミニマルフレーズだ。単語の学習では、単語の意味をイメージしづらいときにだけミニマルフレーズを確認したが、ここではそのミニマルフレーズをそのまま覚えることで、表現の幅を広げていく。

『システム英単語』を見ると、「influence」のミニマルフレーズとして、「have a bad influence on children」というフレーズが掲載されている。その和訳は「子どもに悪い影響を与える」となっている。これで、「影響を与える」と書きたいときには「have」という動詞を使い、影響を与える対象は「on」という前置詞を使えばよいことがわかる。

このミニマルフレーズをそのまま覚えて応用すれば、たとえば「エクササイズはわたしたちの健康に良い影響を与える(exercise has a good influence on our health)」というようなことも自然な英語で表現できるようになる。

▷おすすめのフレーズ集

- ◆『システム英単語 Basic』(駿台文庫)
- ◆『システム英単語』(駿台文庫)
- ◆『TOEIC® L&R TEST 出る単特急 金のフレーズ』(朝日新聞出版)

単語の暗記に使用した『システム英単語 Basic』と『システム英単語』は、ミニマルフレーズ（単語の意味や使い方がわかる最小限の句など）が掲載されていることが最大の特徴だ。ミニマルフレーズは、よく使われる自然な表現が厳選されているため、使いまわしのきくフレーズを効率的に覚えることができる。

『TOEIC® L&R TEST 出る単特急 金のフレーズ』も、TOEICでよく出題されるフレーズが豊富に掲載されているので活用しよう。

▷自然な英語のフレーズの学習法

和文英訳の学習で『ドラゴン・イングリッシュ基本英文100』に着手する段階になったら、『システム英単語』か『システム英単語 Basic』のミニマルフレーズを覚えはじめよう。ミニマルフレーズは全部ではなく、主に名詞、形容詞、動詞のパートに出てくるものをある程度（300個ほど）覚えればじゅうぶんだ（さらに副詞も覚えれば、エッセイなどのライティングに効果的）。

ミニマルフレーズの覚え方は、基本的に単語の場合と同じである。90分100語の暗記法を応用して、次の方法で覚えよう。ただし、単語ではなくフレーズなので、一度に単語ほど多く覚えることはできない。1日に10〜20個など、自分のペースで覚えられるよう計画しよう。

❗ 自然な英語のフレーズの学習法

(1) その日の学習範囲のミニマルフレーズを全問テストする
(2) ページ単位で区切り、わからなかったミニマルフレーズを覚える
(3) (2)の範囲をテストし、全問正解するまで覚えなおす
(4) ページ単位で(2)〜(3)の作業を繰り返す
(5) その日の学習範囲全体をテストし、全問正解するまで覚えなおす

▷解説

(1)その日の学習範囲のミニマルフレーズを全問テストする

・その日に学習すると決めた範囲のミニマルフレーズをすべてテストする。
・左側の英語を隠し、右側の日本語を見て、英語のミニマルフレーズを答える。
・正しく言えなかったミニマルフレーズの横に「/」(スラッシュ)をつける。

(2)ページ単位で区切り、わからなかったミニマルフレーズを覚え

る
・ページ単位で区切り、「/」をつけたものを覚える。
・覚え方は、単語の場合と同様に、音読する方法がおすすめ。

(3) (2)の範囲をテストし、全問正解するまで覚えなおす

・(2) で覚えたミニマルフレーズ（「/」がついているもののみ）をテストする。
・正しいミニマルフレーズが答えられれば、「/」の横に「○」をつける。
・間違えた場合は、「/」に線をつけ足して「×」にする。
・「/」をつけたミニマルフレーズがすべて「○」になるまで、覚えなおしとテストを繰り返す。

(4)ページ単位で(2)〜(3)の作業を繰り返す

・その日の学習範囲の最後まで、ページ単位で (2) 〜 (3) の作業を繰り返し、すべて「○」にする。

(5)その日の学習範囲全体をテストし、全問正解するまで覚えなおす

・(1) で「/」をつけたかどうかにかかわらず、その日の学習範囲のミニマルフレーズをすべてテストする（総復習テスト）。
・間違えた場合はまた「/」をつけて覚えなおす。
・すべてのミニマルフレーズが「○」になったら、その日の

学習は終了。

ここでは単語帳だけを使って覚える方法を紹介したが、単語を覚えたときと同じように、暗記シートを作成しても構わない。1日に覚える分量が多い場合は、全体を半分に分けて覚えるとよいだろう。その場合は、前半の覚えなおしが終わったら前半の復習テスト、後半が終わったら後半の復習テストをおこない、休憩をはさんでから、その日の学習範囲全体の総復習テストをおこなうとよい。

さらに、4日2日勉強法で、覚えたミニマルフレーズを長期記憶に定着させよう。

❗ 図：4日2日勉強法

月曜日	1週間の計画
火曜日	1〜15個 …（進む）
水曜日	16〜30個 …（進む）
木曜日	31〜45個 …（進む）
金曜日	46〜60個 …（進む）
土曜日	1〜60個の復習 …（戻る）
日曜日	1〜60個の復習 …（戻る）
月曜日	1〜60個の総復習テスト＆次の1週間の計画

※図中の分量（ミニマルフレーズの個数）はあくまでも目安。1日の学習範囲は、自分の目標や学習ペースに応じて決めよう。

※90分100語の暗記法と4日2日勉強法について詳しくは、「単語の学習法①」（044ページ）、「単語の学習法②」（053ページ）を参照。

▷自然な英語のフレーズの学習法：まとめ

『システム英単語』のミニマルフレーズは、自然な英語のフレーズを覚えて表現の幅を広げるのに最適だ。ミニマルフレーズをそのまま覚えておけば、単語を入れ替えるだけで、さまざまな文に応用できる。

『ドラゴン・イングリッシュ基本英文100』で和文英訳の型をしっかり覚え、『システム英単語』でミニマルフレーズを300個ほど覚えれば、それだけで英検準1級に合格する程度の英文が書けるようになる。

自然なフレーズを覚えることは、英文を書くだけでなく、英語を話すうえでも大きな自信につながるので、完璧に覚えて応用できるようにしよう。

4 自由英作文

和文英訳で基本となる英文の型を覚え、ミニマルフレーズも覚えて応用できるようになったら、英文をどんどん自由に書いてみよう。英語の日記やブログ、eメールやエッセイなど、英語の文章を書くチャンスはいくらでも見つかるはずだ。

ただ、自分で書いた文章が正しい英語で書けているかどうかは、自分では判断しづらいものである。せっかく英文を書いても間違いを放置したままでは、なかなかライティングの上達にはつながらない。

そこで、自分が作成した英文をチェックしてくれる人が必要になる。英語のできる人に添削してもらうわけだ。これはネイティブの友人などでも構わないが、英語のプロに添削してもらうのがベストだ。

自分が書いた英文をプロの目でチェックしてもらい、間違いをなおしてもらったり、もっと適切な表現を教わったりすることで、ライティング力が向上し、さらに自然な英語が書けるようになる。

また、英検準1級までのライティングは和文英訳とミニマルフレーズの学習だけでもじゅうぶんだが、英検1級レベルを目指すならエッセイ形式の英作文をしっかり書けるようになる必要があるので、そのためにも添削はとても有効な方法だ。

▷おすすめの自由英作文参考書

◆『大学入試 英作文 ハイパートレーニング 自由英作文編』(桐原書店)

『大学入試 英作文 ハイパートレーニング 自由英作文編』は、エッセイやeメール、手紙など、種類別にさまざまな文章の書き方を総合的に学習できる参考書。英文を作成して添

削してもらう場合にも活用できる。

▷自由英作文の学習法①：添削

英検1級を目指すレベルになったら、自由英作文の学習をはじめよう。学習の方法は前述のとおり、自分で自由に英語の文章を書き、それを英語のできる人に添削してもらう方法が最も効果的だ。

自由英作文は何を書いてもよいが、おすすめの参考書や英検の過去問題のなかからテーマを選ぶと書きやすいだろう。

自由英作文の学習では、添削してくれる人をどうやって見つけるかがポイントになるので、どのような方法があるかを紹介しよう。

①対面指導のネイティブ講師

インターネットやアプリの語学レッスン予約サービスを利用して、英語を対面レッスンで教えているネイティブの講師を見つける。自分の希望や条件に合う講師が見つかったら予約して、カフェなど指定の場所でレッスンを受ける。英作文の添削をしてほしいという希望を伝えよう。

おすすめは、日本全国で4,000人以上の英語講師が登録していて、アプリも使える「フラミンゴ（Flamingo）」（https://app-flamingo.com/）。有料だが、英会話スクールなどに比べると格安でネイティブ講師の指導が受けられる。

②オンライン指導のネイティブ講師

インターネットやアプリの語学レッスン予約サービスを利用して、英語をオンラインで教えているネイティブの講師を見つける。場所の制限がないオンラインレッスンなので、海外在住の講師にも指導してもらえるのがメリット。日時を予約し、オンラインのビデオ通話（Skypeなど）でレッスンを受ける。英作文の添削をしてほしいという希望を伝えよう。

アプリも利用できる世界最大規模の「アイトーキー（italki）」（https://www.italki.com/）は、講師の自己紹介動画を見て選べるのでおすすめだ。有料だが1時間1,000円程度からレッスンを受けられる。

③オンライン英文添削

「ランゲート（Lang-8）」（https://lang-8.com/）は、世界中の語学学習者が文章を無料で添削し合える相互コミュニケーション型のSNSサイト。自分が書いた英文（主に日記などの短い文章）を英語のネイティブスピーカーに添削してもらい、自分もほかのユーザー（日本語を勉強中の外国人など）が書いた日本語の文章を添削するという仕組み。添削してくれる人は一般ユーザーなので、必ずしも完璧に添削してもらえるとは限らないが、「文法的には正しいけれど普通はこういう言い方をしない」といったようなアドバイスをもらえることもある。

オンラインで英語のプロに添削してもらうなら、「アイディー（IDIY）」（https://idiy.biz/）がおすすめだ。有料だが、手頃な料金でさまざまな種類の文章を教員や翻訳・通訳者といった英語のプロに添削してもらえる。オリジナルの英作文課題も用意されており、アプリも利用できる。

イギリスの名門ケンブリッジ大学とケンブリッジ大学出版、ケンブリッジ大学英語検定機構が共同開発した「ライト＆インプルーヴ（Write & Improve）」（https://writeandimprove.com/）は、自分が書いた英文をAIが自動添削してくれるサイト。レベル分けされた課題を選び、英文を書いて送信すると、瞬時に自動添削されてフィードバックが返され、自分の英文がCEFR（173ページ参照）のどのレベルに該当するかもわかる。文法や単語などの間違いがあった場合、指摘はされるが正解は示されないので、自分で考えて書きなおしながらライティング力を強化していくことができる。

④英語のできる知人・友人

帰国子女や英語ネイティブの友人・知人がいれば、英文の添削を頼んでみよう。何のために英文を添削してもらいたいかを話し、添削してもらう代わりにカフェでコーヒーをごちそうしたり、料金の取り決めをしたりしてもよいだろう。まわりにそういった知人や友人がいなくても、英語コミュニティに入れば見つかるだろう。日本語を勉強している英語ネイティブの外国人なら、お互いに添削し合うこともできる。ネイティブスピーカーには日本人に書けない英語表現やカジュアルな表現も教えてもらえるので、そういった表現をノートにまとめて繰り返し練習することで、自然な英語のライティング力を強化できる（英語コミュニティの見つけ方については、085〜087ページを参照)。

⑤学校・塾の先生

高校生や予備校生であれば、学校や塾の先生に英文の添削を頼んでみるのもおすすめだ。大学でも添削してくれそうな先生がいれば頼んでもよいが、大学生なら社会人と同様に、英語コミュニティに入ったり、インターネットやアプリを利用したりするほうが、添削してくれる人を見つけやすいかもしれない。

以上の方法で添削してくれる人を見つけたら、どんどん英文を書いて添削してもらおう。参考書から英作文の課題をピックアップしてもよいだろうし、日記やブログなどを書くのもおすすめだ。

▷自由英作文の学習法②：リライト

自分で書いた英文をせっかく添削してもらっても、なおしてもらったところを確認するだけで終わらせてしまっては、ライティング力は向上しない。一度でもリライト（書きなおし）をしてみると、なかなかなおしてもらったとおりには書けないことがわかるだろう。

添削してもらった英文は、最低でも1回、できれば何度でもリライトし、そのたびに添削してもらおう。そうすれば、徐々にライティング力が向上し、英文を書くのが楽になるのを実感できるはずだ。

重ねて言うが、リライトをしなければ、いくら添削してもらっても、それをライティング力アップに活かすことはできない。特に英検やTOEFLといった資格・検定試験を受ける人は、必ずリライトをして、完璧だと思える英文を書けるようになるまでリライトと添削を繰り返してほしい。

▷自由英作文の学習法:まとめ

自由英作文は、最初は何をどう書けばよいかわからないかもしれないが、和文英訳とミニマルフレーズの学習が終わっていれば書きたいことがほぼ書けるようになっているはずなので、自信を持ってどんどん英文を書いてみよう。参考書を見ながらさまざまな種類の文章に取り組むとよいだろう。

自由英作文の学習では添削が必須だ。ここで紹介した方法を活用して添削してくれる人を見つけ、何度も添削とリライトを重ねてほしい。文章の種類などによって、添削してもらう人を変えるのもおすすめだ。添削とリライトを繰り返すうちに、自分の書く英文が和文英訳の文章から英語的な発想の文章へと進化していく感覚が味わえることだろう。

5 英検でライティング力をアップ

英検では英作文が出題されるため、その対策として英検の過去問題に取り組むことで、ライティング力を強化することができる。

英語の検定試験は英検以外にもさまざまなものがあるが、ライティングの学習を効果的におこなうためにも、また英語の4技能をバランスよく向上させるうえでも、英検向けの学習が最も適している（各種の英語の資格・検定試験については、165ページ以降を参照）。

英検は日常的に使われる実用英語をバランスよく学ぶことができ、受験料も比較的安くなっている。英検の学習をしていれば、いずれTOEICなどを受けることになる場合でも、あとで対策をおこなえばじゅうぶん対応可能だ。

英検準1級までの英作文は和文英訳とフレーズの学習で対応できるので、ここではそれ以上のレベルを目指す人が、自由英作文の学習の一環として英検1級の英作文対策をおこなう場合について説明しよう。

▷おすすめの英検ライティング対策参考書

◆『英検1級 過去6回全問題集』（旺文社）

◆『英検1級 面接大特訓』（Jリサーチ出版）

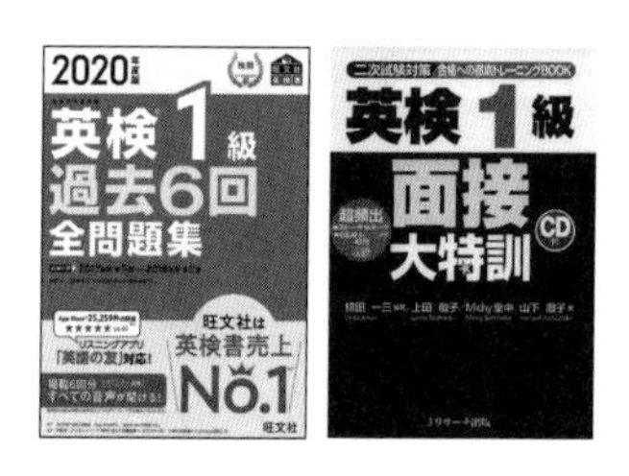

英検の過去問題と解答だけなら日本英語検定協会のWebサイト（https://www.eiken.or.jp/eiken/）で過去3回分を無料で入手できるが、学習用にはもっと分量が多く、丁寧な解説がついた『英検1級 過去6回全問題集』などのほうがおすすめだ。

英検1級の2次試験では与えられたトピックについて英語でスピーチする必要があり、『英検1級 面接大特訓』はその対策用の参考書。スピーキングに特化された参考書ではあるものの、1次試験の英作文でも出題されやすいトピックが掲載されているので、ライティングの学習にも最適だ。

▷英検向けのライティング学習のポイント

英検1級で出題される英作文は、たとえば「世界人口が増えすぎることは人類の未来に対する深刻な脅威である」といったトピックについて、賛成または反対の立場でエッセイを書くというもの。なぜ賛成（反対）なのかという根拠を3つ挙げ、序文、本文、結論の3段構成で、200〜240語の英文を書く必要がある。

英検の英作文問題では、教育、社会、ビジネス、環境、テクノロジー、医療といった分野のトピックが頻出している。欧米であれば、幼いころから自分の意見をはっきり言うことが推奨され、学校でもディベートやディスカッションの授業がある。しかし、日本では自分の意見を明確に発言することに慣れていない人が多いため、そうした分野のトピックについて普段から考え、文章にする練習をしておかなければ、英検1級の英作文には対応できない。

おすすめの英検対策用参考書には、過去に出題された英検の問題と解説が豊富に掲載されている。過去問題に取り組むことで、さまざまなトピックについて意見の引き出しを作り、英文で表現する力を鍛えることができる。

エッセイは賛成または反対の立場で書くわけだが、どちらの立場を選ぶかは、自分個人の意見と必ずしも一致していなくても構わない。ディベートと同じように、ランダムにどちらかの立場に立ち、論理的に話を進められればよいのだ。

そこで、参考書では賛成と反対の両方について模範解答を確認し、賛成意見と反対意見の両方を実際に書く練習をしてほしい。そうすれば、試験で仮に自分個人の意見とは違っていたとしても、書きやすいほうの立場を選んで内容の濃い文章を書けるようになるからだ。

英検1級の英作文対策にしっかり取り組めば、文章のはじめ方、論理展開、効果的な副詞や接続詞の使い方、結論の導き方など、英検だけでなくビジネス文書や論文などにも非常に役立つライティング力を身につけることができる。

英検対策の参考書を使用して英文を作成したら、前述の自由英作文の学習法と同じように、書いた文章を添削してもらい、何度もリライトしてライティング力に磨きをかけよう。

▷英検向けのライティング学習:まとめ

英検1級の英作文は、ただ英語で文章が書ければよいわけではない。文章の構成力や論理性、出題されるトピックについての知識も求められるのだ。

そのため、普段から幅広い分野の知識を吸収しておくことも必要となる。アウトプットする（英文を書く）ことを前提として、できれば日本語と英語の両方で本を読んだりニュースを見たりしながら、重要と思われる事実やアイデアをストックしておこう。

英検対策の学習は、英文を書く力を強化できるだけでなく、さまざまな分野における問題について考える力や、何をどう書くかという文章力そのものも鍛えられる学習と言えるだろう。

第6章
スピーキングの極意

The Secret To Speaking English

1 スピーキングの学習内容と学習順序

さて、いよいよ4技能のなかで最後となるスピーキングの学習に入ろう。

スピーキングには、ひとりで話し続けるスピーチやプレゼンテーションと、相手がいてはじめて成立する会話とがある。どちらの場合もほかの3技能（リーディング、リスニング、ライティング）のスキルがベースになるので、ほかの3技能がある程度のレベルに達してからスピーキングに取りかかることで、学習を効果的に進めることができる。

スピーキングの学習では、まずライティングでおこなった和文英訳を口頭で瞬時にできるようにしていく。次に会話特有の表現を覚え、発音を改善したら、いよいよ実践に移ろう。英語話者を相手に集中的に話す期間を設け、会話練習の積み重ねを通じて、話せる、通じる、コミュニケーションできる、というレベルにまでスピーキング力を強化する。そこから先は、ネイティブに近いレベルを目指して、自然な英語表現の幅を広げていくのだ。

日本人はスピーキングが苦手と言われるが、本書の学習法で実践の会話練習に入る段階になれば、英語を話すために必要な基本スキルは確実に身についているはずだ。自信を持って、どんどん会話にチャレンジしてほしい。

結局のところ、英語を話せるようになるには英語を話すしかない。泳がなければ泳げるようにならないのと同じだ。相手の話す英語がわからなかったり、自分の英語が間違っていたりすることもあるだろうが、そんなときは何度でも聞きなおしたり、言いなおしたりすればよいのだ。

英語に限らずどんなことでも、誰よりも早く成長できる人というのは、どんどんチャレンジしてたくさん失敗し、その失敗から学べる人なのだ。間違うことをおそれずに、自分の英語が相手に伝わる楽しさや、英語を通じて自分の世界が広がる喜びを存分に味わいながら、スピーキングの学習に積極的に取り組もう。

2 口頭での和文英訳

文章を書く場合はいくらでも時間をかけることができるが、スピーキングとなるとそうはいかない。目の前にいる相手を待たせずに、タイミングよく話すことも大事だ。

そこで、スピーキングの学習では、まずライティングの和文英訳で覚えた英語の文章がスムーズに口から出てくるように練習する。和文英訳自体はライティングの学習で完璧にできるようになっているはずだから、ここでは和文を見たら瞬時に英文が言えるように訓練することで、スピーキング力を鍛えていこう。

▷おすすめの和文英訳参考書

◆『ドラゴン・イングリッシュ基本英文100』(講談社)

ライティングの和文英訳で使用した『ドラゴン・イングリッシュ基本英文100』をスピーキングの学習でも使用する。この参考書に掲載されている100文がスムーズに言えるようになれば、伝えたいことをほぼすべて表現できるようになる。類似表現もあわせて練習することで表現の幅を広げられるという点でも、おすすめの参考書だ。

▷口頭での和文英訳の学習法

ライティングで和文英訳とフレーズの学習が終わったら、口頭での和文英訳の学習をはじめよう。これは、リーディングで長文読解が復習段階に入り、リスニングで長文のシャドーイングがある程度できるようになったぐらいのタイミングだ。

次の方法で、『ドラゴン・イングリッシュ基本英文100』に掲載されている100文をスムーズに口頭で言えるように練習しよう。

❗ 口頭での和文英訳の学習法

(1) 和文を見て瞬時に英訳を言えるかテストする
(2) 言えれば「○」、言えなければ「×」をつける
(3)「×」だった問題が「○」になるまで練習する

▷解説

(1)和文を見て瞬時に英訳を言えるかテストする

・その日に学習すると決めた範囲の問題（和文）を見て、英訳を口頭で答える。

・時間をかけず、瞬時（0.5〜1秒以内）に英訳を言えるかどうかをテストしよう。

(2)言えれば「○」、言えなければ「×」をつける

・一度も言葉に詰まったり言い間違えたりせずに、瞬時に英訳が言えれば「○」をつける。

・一度でも言葉に詰まったり言い間違えたりするか、瞬時に英訳が言えなかった場合は「×」をつける。

(3)「×」だった問題が「○」になるまで練習する

・「×」をつけた問題は、スムーズに英訳を言えるように練習する。

・一度も詰まったり言い間違えたりせずに言えるようになったら「○」をつける。

・その日の学習範囲の英訳がすべて「○」になったら、その

日の学習は終了。

文章が2〜3行の長さになると、一度も言葉に詰まらずに英訳を口頭で答えるのはかなり難しくなる。スムーズに言えるようになるまで、何度でも根気よく練習しよう。

慣れてきたら、単に暗記した英訳を言うだけでなく、スピーチや会話で誰かに向かって話している状況をイメージしながら練習するとよいだろう。英語が滑らかに口から出てくるようになれば、話すのがどんどん楽しくなるはずだ。

3 会話表現

表現のなかには、文章を書くときには使わないのに、会話では頻繁に使うものがある。たとえば、「What's up?（調子はどう？）」といったような挨拶や「Nothing special（いつもどおり）」などの受け答えも、ほとんど会話でしか使わない。

こうした会話独自の表現が使えるようになると、英語で気軽に会話をはじめられるし、テンポよく会話が続けられるようになる。会話表現は短く覚えやすいものが多いので、しっかり覚えてスムーズに言えるように練習しよう。

▷おすすめの会話表現参考書

◆『Next Stage 英文法・語法問題』（桐原書店）

◆『英文法・語法 Vintage』(いいずな書店)

◆『スクランブル英文法・語法』(旺文社)

◆『英会話なるほどフレーズ100』(アルク)

英文法で使用した『Next Stage 英文法・語法問題』『英文法・語法 Vintage』『スクランブル英文法・語法』をスピーキングでも使用する。内容や構成は3冊ともほぼ同じなので、お好みの1冊を選ぶとよいだろう。英文法の学習では文法と語法のパートのみを使用したが、いずれの参考書にも会話表現のパートがあるので、ここではそのパートだけを使用する。

『英会話なるほどフレーズ100』は、英語圏の人たちが子どものころから日常的に使っているフレーズを集めた本で、『ドラゴン・イングリッシュ基本英文100』の会話版としておすすめの1冊だ。

▷会話表現の学習法

会話表現の学習は、口頭での和文英訳が終わってからはじめよう。ただ、会話表現を学ぶのはとても楽しいので、それ以前から少しずつ取り組んでも構わない。

おすすめの会話表現の参考書を次の方法で覚え、スムーズに言えるようにしていこう。

❶ 会話表現の学習法

(1) その日の学習範囲の問題をすべて解き、解答・解説を確認する
(2) 和文を見て瞬時に英訳を言えるかテストする
(3) 言えれば「○」、言えなければ「×」をつける
(4)「×」だった問題が「○」になるまで練習する

▷解説

(1)その日の学習範囲の問題をすべて解き、解答・解説を確認する

・その日に学習すると決めた範囲の問題をすべて解く。
・解答・解説を確認し、正しい英文を覚える。
・穴埋め問題でも、出題されている部分の単語だけでなく、文全体を覚えよう。
・『英会話なるほどフレーズ100』のような問題形式でない本の場合は、問題を解く代わりに説明を読み、英文を覚える。

(2)和文を見て瞬時に英訳を言えるかテストする

・その日の学習範囲の和文を見て、英訳を口頭で答える。
・時間をかけず、瞬時（0.5～1秒以内）に英訳を言えるかどうかをテストしよう。

・『英会話なるほどフレーズ100』には、巻末に暗記用の一覧が掲載されているので、テストにはそれを利用するとよいだろう。

（3）言えれば「○」、言えなければ「×」をつける

・一度も言葉に詰まったり言い間違えたりせずに、瞬時に英文が言えれば「○」をつける。
・一度でも言葉に詰まったり言い間違えたりした場合や、瞬時に英文が言えなかった場合は「×」をつける。

（4）「×」だった問題が「○」になるまで練習する

・「×」をつけた問題は、スムーズに英文を言えるように練習する。
・一度も詰まったり言い間違えたりせずに言えるようになったら「○」をつける。
・その日の学習範囲の英文がすべて「○」になったら、その日の学習は終了。

ライティングでは使わない会話表現を集中的に覚えることで、会話特有のフレーズの引き出しが増え、自然な会話を続けやすくなる。

日常生活でよく使う表現を集めた『英会話なるほどフレーズ100』は、たとえば誰かに「～していい？」と聞かれたときに「どうぞ」と答えるには「Please」ではなく「Go ahead」

と言い、同じ「どうぞ」でも物を手渡すときには「Here」と言うなど、簡単なことなのに英語でどう言えばよいかわからないような表現を覚えるのにとても役立つ1冊だ。

口頭での和文英訳と会話表現の学習まで終われば、英語で日常会話がある程度できるようになっているはずだ。海外旅行でもほとんど困ることはないだろう。

4 発音

現在、世界中で英語を話す人のうち、非ネイティブや地域特有の訛(なま)りがある人のほうが、標準的なアメリカ英語やイギリス英語を話す人よりも圧倒的に多い。日本語訛りの英語でも、堂々と話せば何の問題もないと言えるだろう。

ただ、標準的な英語の発音ができれば、コミュニケーションがさらにスムーズになるし、それ以上に大きなメリットとして、リスニング力を向上させることにもなる。自分で正しく発音するには、その音を聞き取れる必要があるからだ。

リスニングの学習でオーバーラッピングやシャドーイングの練習を重ねることで、英語の発音はかなりのレベルまで上達する。そこからさらに発音を矯正するには、発音に特化した教材を使って発音練習をしよう。

▷おすすめの発音学習用教材

◆『DVD&CDでマスター 英語の発音が正しくなる本』(ナツメ社)

◆『カラー改訂版 CD付 世界一わかりやすい英語の発音の授業』（KADOKAWA）

◆『イギリス英語でしゃべりたい！ UK発音パーフェクトガイド』（研究社）

英語の音をひとつひとつ正しく発音できるようにするための教材としては、『DVD&CDでマスター 英語の発音が正しくなる本』がおすすめだ。DVDに収録された口元アップの映像で、発音する際の唇の形や舌の位置がひと目でわかるほか、発音記号や類似の音を区別する方法も学べる。

『世界一わかりやすい英語の発音の授業』は、発音のルールやコツを日本人にわかりやすく説明した本で、発音の入門書としておすすめの1冊。

イギリス英語の発音を身につけたい人は、『イギリス英語でしゃべりたい！ UK発音パーフェクトガイド』で練習するとよいだろう。イギリス英語らしい発音のコツや、イギリス英語とアメリカ英語の違いも学ぶことができる。

▷発音の学習法

年齢が低い場合や特に耳がいい人の場合は、聞くだけですぐにネイティブと同じ発音ができることもある。しかし、日本語を母語として習得済みの場合、ほとんどの人は発音の学習も「わかる・やってみる・できる」という「学習の３段階」でおこなうのが最も効果的だ。

まず、「わかる」の段階では、おすすめの参考書に付属しているDVDの映像などを見て、発音するときの口の形、舌の位置、音の出し方を理解する。それを真似て繰り返し練習する「やってみる」段階を経て、「できる」ようになったらその状態を維持していくのだ。

「やってみる」段階では、次の方法で練習するとよいだろう。

①鏡を見ながら練習

DVDで口元の映像を見てひとつひとつの発音を真似るときには、鏡を見ながら自分が同じ口の形を作れているかを確認しよう。口の動かし方や舌の位置もしっかりチェックし、少しおおげさなぐらいに真似て練習するのがポイントだ。

②録音して練習

自分の声を録音して聞いてみたら、自分が思っていた声とは違っていたという経験は誰にでもあるだろう。これは、自分に聞こえている声が、口から空気中を伝って耳に入る音（気導音）と、声帯の振動が頭蓋骨（とうがいこつ）に伝わり聴覚器官を振動させることによって生じる音（骨導音）とが合わさった音であることが主な原因だ。

だから、自分では正しく発音しているつもりでも、ほかの人には違った発音に聞こえていることが少なくない。発音練習では必ず自分の声を録音し、DVDなどの音声と比較して、正しく発音できているかどうかを確認しよう。

自分の発音を録音して聞くのは恥ずかしいものだが、正しい発音ができるようになるためには、録音して確認する作業が不可欠だ。英会話スクールなどで発音矯正のクラスを受講する方法もあるが、一般的に発音矯正のクラスは高額なので、よほど金銭的に余裕がある場合を除き、自分で録音して練習する方法をおすすめする。

5 実践の会話練習

口頭での和文英訳、会話表現、発音の学習まで終わったら、いよいよ実践の会話練習に入ろう。ここまでくれば、あとはとにかく話すのみ。集中的に会話練習をする期間を設け、毎日必ず英語話者と話すようにすれば、2〜3か月で驚くほどスムーズに話せるようになるだろう。

ただ、日本に住んでいると、毎日必ず英語を話せる環境に身を置くのは容易なことではない。帰国子女や英語ネイティブの知人・友人がいて、毎日会話できる場合もあるだろうが、会話練習の目的はスピーキング力をアップさせることなので、自分が間違えた英語を話したときに指摘してなおしてくれる相手を選ぶ必要がある。

英会話スクールに通うのもひとつの方法だが、グループレッスンでは自分が自由に話せる時間がほんの少ししかない。個人レッスンを2か月間も毎日受けるとなると、レッスン料が膨大な金額になってしまう。レッスン料が比較的安いオンライン英会話サービスでも、ネイティブの講師だと料金が割高に設定されているのが普通だ。

そこで、金銭的負担を最小限におさえながら集中的に会話練習をする方法として、まず非ネイティブ講師によるオンラインのマンツーマンレッスンでスピーキングを鍛えることをおすすめしたい。スムーズに会話が続けられるようになったら、ネイティブ講師のレッスンを受けて、さらにスピーキング力を向上させよう。

▷実践的な会話練習法①：非ネイティブ講師によるマンツーマンレッスン

一般社団法人海外留学協議会（JAOS）によると、2019年度の日本人留学生の渡航先として、アメリカ、オーストラリア、カナダに次いで4位にランキングされているのがフィリピンだ。フィリピンは英語も公用語に定められており、英語力の高い人が多いため、語学留学先として近年ますます注目を浴びている。

そのフィリピンで特に英語スキルの高い人たちから手頃な価格でマンツーマンレッスンを受けられるのが、オンライン英会話サービス業界最大手のレアジョブ英会話（https://

www.rarejob.com/)。1回25分のレッスンなら月額6,380円、50分なら月額10,670円で、毎日でもレッスンを受けることができる(金額は2021年4月現在)。

実践の会話練習をはじめて1〜2か月は、とにかく毎日たくさん話すことと、自分の間違いをしっかりなおしてもらうことを最優先しよう。相手がネイティブである必要はない。オンライン英会話ならレッスン料を低くおさえつつ、トレーニングを受けた講師にきちんと間違いをなおしてもらえる。レッスン内容は自分の目的や希望に応じて自由にアレンジできるうえ、フィリピン人講師はフレンドリーな人が多く会話がはずみやすいので、楽しく会話練習を続けられるという利点もあるのだ。

ネイティブキャンプ(https://nativecamp.net/)やDMM英会話(https://eikaiwa.dmm.com/)など、手頃な料金で非ネイティブの講師のレッスンを受けられる英会話サービスはほかにもたくさんあるので、条件に合うならほかのサービスを利用してもよいだろう。

会話練習はとても楽しく、モチベーションも上がりやすいので、もっと早い段階で取り入れても構わないが、その場合はブロークンイングリッシュになりやすいので注意しよう。実践の会話練習をはじめる段階になってから、毎日欠かさず英語を話していると、数か月後にはまわりの日本人から「英語がペラペラだね」と言われるぐらい話せるようになっているはずだ。

▷実践的な会話練習法②：
ネイティブ講師によるマンツーマンレッスン

ある程度自由に英語で会話ができるようになり、さらにネイティブに近いレベルを目指すなら、ネイティブ講師によるマンツーマンレッスンを受けよう。この段階になると、レッスンの頻度は毎日でなくても構わない。自分に合ったペースでレッスンを継続するとよいだろう。

最初からネイティブ講師を希望する人も少なくないようだが、まだ自分があまり話せない段階では、レッスン料が割高なネイティブ講師に習うメリットはほとんどない。前述のとおり、世界の英語人口に占める割合は非ネイティブのほうが圧倒的に高く、実生活で英語を話す場面では相手が非ネイティブである可能性も大きいので、非ネイティブの英語に慣れておくことも大切だ。

だから、まずは非ネイティブ講師とスムーズに話せるようになり、そのあと非ネイティブ講師からは学べない自然な表現や発音などを学ぶために、ネイティブ講師のレッスンを活用するのがおすすめだ。

ネイティブ講師の見つけ方は、ライティングの学習で自由英作文を添削してくれる人を探したときと同様に、インターネットやアプリで「フラミンゴ（Flamingo）」（https://app-flamingo.com/）を利用するとよいだろう。対面レッスンでなくてもよければ、「アイトーキー（italki）」（https://www.italki.com/）やオンライン英会話サービスなども活用できる。

ネイティブ講師を選ぶ際には、自分が話した英語が間違っていたときに、しっかり指摘してなおしてくれる講師を選ぼう。ネイティブ講師のなかには、TESOL（ティーソルまたはテソル：Teaching English to Speakers of Other Languages）という英語教授法を学んでいる人が大勢いる。TESOLは資格ではなく、英語を母語としない人に英語を教える方法を学ぶプログラムのこと。このプログラムを修了している講師であれば、間違いをきちんとなおしてくれる可能性が高いので、講師選びの目安にするとよいだろう。

とはいえ、TESOLを修了していなくても、間違いをしっかり指摘してくれる講師がいることも事実。最初はお試しレッスンと考えて、小さな間違いでも厳しく指摘してくれる講師かどうかを見極めよう。会話がはずんできても、三単現のsの抜けや冠詞の間違いといった細かい点まで指摘してくれる講師なら安心だ。

マンツーマンのレッスンなら、自然な英語表現やくだけた口語表現を覚えたい、発音を改善したいなど、自分の希望にそった内容のレッスンを受けられる。ぜひネイティブ講師からしか学べないことを重点的に学び、スピーキング力を強化してほしい。

6 プラスαのスピーキング学習

非ネイティブやネイティブの講師との会話練習を続けなが

ら、さらに表現の幅を広げるプラスαの学習も取り入れよう。ここで紹介する方法は、いずれも日常生活のなかでいつでもできるものばかりだ。常に英語を意識しながら生活することで、言いたいことが英語でもっと自由に言えるようになる。

▷プラスαのスピーキング学習法①：身のまわりのものを英語で表現

日常生活で使用するもののなかには、単語帳や参考書に載っていないものがたくさんある。身のまわりにある見慣れたものでも、英語の名称がわからないことは少なくない。語彙を増やすために、たとえばホチキス、付箋、セロハンテープなど、日常生活のなかで目についたものを片っ端から英語で言えるか試してみよう。

英語の名称を知らないものが見つかったら、すぐに辞書で確認しよう。スマートフォンに辞書アプリを入れておけば、外出中でもチェックできる。メモしておいて、帰宅してから辞書で調べてもよいだろう。

実際の会話では、辞書に載っているものとは違う名称が使われる場合もあるが、まずは辞書どおりの表現を覚えよう。講師との会話練習のなかで質問すれば、どの名称が一般的か、ほかにどんな言い方があるか、どんなニュアンスの違いがあるかなどを聞くことができ、使える語彙を増やすことができる。

▷プラスαのスピーキング学習法②：車窓の景色を英語で実況

電車やバスに乗っているときに、頭のなかで、車窓に流れる景色を英語で実況してみよう。たとえば、スーパーの隣に動物病院の白い建物が見えたとしたら、それを英語で描写してみる。声には出さなくても、アナウンサーになったつもりで実況するとよいだろう。

描写するなかで、たとえば「動物病院」など、英語の名称がわからない場合は辞書やアプリで調べよう。文法的・構文的にどう表現すればよいかわからなければ、ライティングの自由英作文と同じ方法で添削してもらったり、会話練習で講師に質問したりして、新しい表現を身につけよう。

運転中は危険なのであまりおすすめできないが、電車やバスに乗っているとき以外にも、行列に並んでいるとき、病院で待っているとき、カフェで休憩しているときなど、英語実況の機会はたくさんある。ぜひ可能な限り機会を見つけて、表現の幅を広げてほしい。

▷プラスαのスピーキング学習法③：これは良いと思った表現をカードにまとめる

英文を読んだり英語で会話したりするなかで、いかにも英語的な表現に出会うことがある。日本語の発想ではなかなか出てこない表現や、自分でも使えるようになりたいと思う表現に出会ったら、それをカードにまとめよう。

たとえば、何かを大切だと言いたいとき、ほとんどの日本人は「〜 is important」という表現を使うが、英語では「It is 〜 that counts（大切なのは〜だ）」という表現もよく使われる。また、「〜するまでしばらくかかる」と言う場合、日本人が真っ先に思い浮かべる表現は「It takes some time to 〜」だろうが、「It'll be a while before 〜」のほうが英語として自然に聞こえる場合もある。

このように、これは良いと思った表現があれば、カードに書き出そう。単語を覚えるときにはカードを作ると膨大な量になって管理が大変だが、こうした表現は名刺サイズのカードにまとめるのがおすすめだ。カードなら例文も書き込めるしシャッフルもできる。表現を覚えるには非常に便利なのだ。

カードの表には日本語訳、裏には英語表現（フレーズ）を書く。その際、日本語訳は自分で考えて書くようにしよう。自分の言葉で日本語訳を書き、その英語表現が言えるようになるまでテストすることで、実際に使える表現として身につけられるからだ。

例文もあわせて書いておけば、使い方も一緒に覚えることができる。例文はどちらの面に書いてもよいが、表に書いた場合、テストするときにはそれを見ないで英語表現を答えるようにする。英英辞書に載っている定義や例文を書くのもおすすめだ。

これは良いと思った表現をカードにまとめて覚えることが目的なので、カードの書き方は自分が使いやすいように工夫してみてほしい。

作成したカードは次のように分類しよう。

1　作成したばかりのカード
2　テストして正しい英語表現を１回言えたカード
3　テストして正しい英語表現を2回（言葉に詰まらずに）言えたカード

このように分類したカードを4日2日勉強法で覚える。4日間は1と2のカードを1日1回テストし、その後の2日間は3も含めてすべてのカードをテストする（4日2日勉強法について詳しくは、053ページ「単語の学習法②」を参照）。

表	裏
性分に合わない。 If sth goes against the grain, you would not usually do it because it would be unusual or morally wrong. The project was working against the grain of local economic trends and sociological views.	go/work against the grain
うとうとした、眠い being in a state between sleeping and being awake	drowsy His voice makes everyone feel drowsy

表

考えがまとまる、形になる、具体化する
to begin to be organised and specific
Our plans began to take shape.

裏

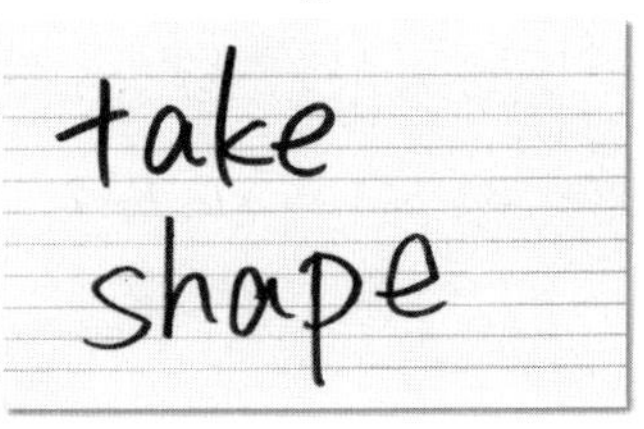

▷スピーキングの学習法：まとめ

英語は話せば話すほど、話せるようになる。文法も何もわからない段階でいきなり話そうとしても無理というものだが、リーディング、リスニング、ライティングを適切な順序でしっかり学習していれば、話すために必要なことはすべて身についているはずだ。

オンライン英会話サービスを利用すれば、自宅に居ながらにして低料金で会話練習ができるし、通勤・通学の電車やバスなど、スピーキングの練習ができる機会はいくらでもある。

もし時間的・経済的に余裕があるなら、語学留学するのもひとつの方法だ。3か月程度の短期留学でもかなり流暢に英語が話せるようになるだろう。

いずれにしても、いちばん大切なのは、楽しみながら学習を継続すること。英語で言いたいことが言えて、スムーズに会話が続くようになれば、もうじゅうぶん英語をマスターしたと言ってよいレベルになっているはずだ。あとはしっかり試験対策の学習をすれば、必ず英検1級、TOEIC 900点以上も取得できるだろう。

英語の資格・検定試験

現在、日本で受験できる英語の資格・検定試験はいくつもあり、試験によってそれぞれ特徴がある。以下に紹介する各試験の概要と特徴をふまえ、自分の目的に合った試験を受験しよう。

資格・検定試験の対策については、2021年3月にスタートした『武田塾Englishチャンネル』(https://www.youtube.com/channel/UCOC2qlyMD92oBTttEFh9kGg)で学習方法を解説しているので、ぜひチェックしてみてほしい。

◆英検

英検（実用英語技能検定）は、小学生から社会人まで幅広い層を対象とした検定試験。日本で受験できる英語の試験としては最も認知度が高く、英検取得者を入学試験や単位認定で優遇している学校も多い。

実用的な英語のスキルを全般的に測定する試験なので、自分の英語力を知るために受ける試験としても最適と言えるだろう。英検向けの勉強をすることで、「読む・書く・聞く・話す」の4技能をバランスよく鍛えることができる。

ほかの資格・検定試験と比べると受験料も安く、年3回の試験を毎回多くの人が受験している（コンピュータで試験を受ける英検CBTは毎月実施）。

英検には5級から1級まであり、5級と4級は1次試験（筆記試験とリスニング）のみで合否判定される。3級以上は1次試験に合格後、2次試験（面接形式のスピーキングテスト）にも合格することで、その級を取得できる。各級の目安は次のとおり。

◇英検の詳細情報と申し込み

公益財団法人 日本英語検定協会（https://www.eiken.or.jp/eiken/）

❶ 英検：各級の目安

習得目標	級	推奨目安	出題目安	出題形式
使える英語の登竜門 ・基礎力定着 ・高校入試レベル	5級	中学初級程度	英語を習い始めた方の最初の目標。家族のこと、趣味やスポーツなど身近な話題が出題されます。 英語の基礎固めに最適です。 スピーキングテストも受験可能です。	・筆記 ・リスニング ・録音形式のスピーキングテスト
	4級	中学中級程度	出題形式や内容が、より実用的に。 身近なトピックを題材とした読解問題が加わります。 基礎力をぐんぐん伸ばしていきましょう。 スピーキングテストも受験可能です。	・筆記 ・リスニング ・録音形式のスピーキングテスト
	3級	中学卒業程度	二次試験でスピーキングテスト。英語で考えを伝えましょう。 筆記試験の題材は、海外の文化など少し視野が広がります。 中学卒業段階の英語力の達成目標：3級（文部科学省）	・筆記 ・リスニング ・面接
使える英語で世界へ ・大学入試レベル ・2級から海外留学 ・履歴書で評価される	準2級	高校中級程度	教育や科学などを題材とした、長文の穴埋め問題が加わります。 センター試験の問題形式と共通点が多く、入試対策にも最適。 高校卒業段階の英語力の達成目標：準2級～2級（文部科学省）	・筆記 ・リスニング ・面接
	2級	高校卒業程度	医療やテクノロジーなど社会性のある英文読解も出題されます。 海外留学、国内での入試優遇・単位認定など、コミュニケーション力が高く評価されます。 ビジネスシーンでも採用試験の履歴書などで英語力をアピールできます。 ライティングが加わります。	・筆記 ・リスニング ・面接
リーダー（品格）の英語 ・ライティング、スピーキングを含む4技能の総合力を測定	準1級	大学中級程度	エッセイ形式の実践的な英作文の問題が出題されます。 「実際に使える英語力」の証明として高く評価されています。	・筆記 ・リスニング ・面接
	1級	大学上級程度	二次試験では2分間のスピーチと、その内容への質問がなされます。 カギは英語の知識のみでなく、相手に伝える発信力と対応力。 世界で活躍できる人材の英語力を証明します。	・筆記 ・リスニング ・面接

（出典：公益財団法人 日本英語検定協会）

◆TOEIC

TOEIC（トーイック：Test of English for International Communication）は、主にビジネスの場における英語のコミュニケーション能力を測る試験。テスト結果は合否判定ではなく、スコアでの評価となる。

TOEICの試験はL&R（リスニング&リーディング、990点満点）とS&W（スピーキング&ライティング、各テスト200点満点）に分かれており、別々に申し込んで受験する。L&Rは全国約80都市で年10回程度、S&Wは年24回実施されているが、L&Rしか受験しない人がほとんどだ（S&Wの受験者数はL&Rの2%以下）。

会社によっては社員にTOEICの受験を義務づけていたり、TOEICのスコアがキャリアに影響したりする場合もある。主にオフィスでの会話やビジネス文書などに関する問題が出題されるため、就業経験のない学生には難しく感じられるかもしれないが、高スコアを取得していると学校の入学試験や単位認定で優遇される可能性があるほか、就職でも有利とされている。TOEIC L&Rのスコアの目安は次のとおり。一般に、600点以上が履歴書に書けるレベルとされている。

◇TOEICの詳細情報と申し込み

一般財団法人 国際ビジネスコミュニケーション協会
（https://www.iibc-global.org/toeic.html）

❗ TOEIC® スコアとコミュニケーション能力レベルとの相関表

レベル	TOEIC スコア	評価(ガイドライン)
A	860	**Non-Nativeとして十分なコミュニケーションができる。** 自己の経験の範囲内では、専門外の分野の話題に対しても十分な理解とふさわしい表現ができる。Native Speakerの域には一歩隔たりがあるとはいえ、語彙・文法・構文のいずれをも正確に把握し、流暢に駆使する力を持っている。
B	730	**どんな状況でも適切なコミュニケーションができる素地を備えている。** 通常会話は完全に理解でき、応答もはやい。話題が特定分野にわたっても、対応できる力を持っている。業務上も大きな支障はない。 正確さと流暢さに個人差があり、文法・構文上の誤りが見受けられる場合もあるが、意思疎通を妨げるほどではない。
C	470	**日常生活のニーズを充足し、限定された範囲内では業務上のコミュニケーションができる。** 通常会話であれば、要点を理解し、応答にも支障はない。複雑な場面における的確な対応や意思疎通になると、巧拙の差が見られる。 基本的な文法・構文は身についており、表現力の不足はあっても、ともかく自己の意思を伝える語彙を備えている。
D	220	**通常会話で最低限のコミュニケーションができる。** ゆっくり話してもらうか、繰り返しや言い換えをしてもらえば、簡単な会話は理解できる。 身近な話題であれば応答も可能である。 語彙・文法・構文ともに不十分なところは多いが、相手がNon-Nativeに特別な配慮をしてくれる場合には、意思疎通をはかることができる。
E		**コミュニケーションができるまでに至っていない。** 単純な会話をゆっくり話してもらっても、部分的にしか理解できない。 断片的に単語を並べる程度で、実質的な意思疎通の役には立たない。

(出典:一般財団法人 国際ビジネスコミュニケーション協会)

※S&Wのスコアの目安については、左記TOEICの公式サイトを参照。

◆IELTS

IELTS（アイエルツ：International English Language Testing System）は、イギリスに留学・移住する場合に、英語力の証明として受験が必要なテストだ。イギリス以外にもオーストラリア、カナダ、ニュージーランドなどの学校で採用されているほか、アメリカでも普及が進んでいる。

IELTSは留学向けのアカデミック・モジュールと、就業・移住向けのジェネラル・トレーニング・モジュールに分かれており、どちらかを選んで受験する。英検と同じく4技能をバランスよくテストする試験内容で、テスト結果は4技能の各パートと総合評価がそれぞれ1.0〜9.0のスコアで示される。

イギリス英語の試験なので、つづりや文章のルールがアメリカ英語と少し違っていたり、リスニングではイギリス英語が話されているほかの国（オーストラリア、カナダ、ニュージーランドなど）のアクセントがあったりする。

受験料は英検と比べるとやや高く、受験にはパスポートが必要。IELTSのスコアの目安は次のとおり。

◇IELTSの詳細情報と申し込み

公益財団法人 日本英語検定協会（https://www.eiken.or.jp/ielts/）

❶ IELTS：スコアの目安

9.0	エキスパート・ユーザー	十分に英語を駆使する能力を有している。 適切、正確かつ流暢で、完全な理解力もある。
8.0	非常に優秀なユーザー	時折、非体系的な不正確さや不適切さがみられるものの、十分に英語を駆使する能力を有している。 慣れない状況においては、誤解が生ずることもありえる。込み入った議論に、うまく対応できる。
7.0	優秀なユーザー	時折、不正確さや不適切さがみられ、また状況によっては誤解が生ずる可能性もあるが、英語を駆使する能力を有している。複雑な言語も概して上手く扱っており、詳細な論理を理解している。
6.0	有能なユーザー	不正確さ、不適切さ、および誤解がいくらかみられるものの、概して効果的に英語を駆使する能力を有している。 特に、慣れた状況においては、かなり複雑な言語を使いこなすことができる。
5.0	中程度のユーザー	部分的に英語を駆使する能力を有しており、大概の状況において全体的な意味をつかむことができる。 ただし、多くの間違いを犯すことも予想される。自身の分野においては、基本的なコミュニケーションを行うことができる。
4.0	限定的ユーザー	慣れた状況においてのみ、基本的能力を発揮できる。 理解力、表現力の問題が頻繁にみられる。複雑な言語は使用できない。
3.0	非常に限定的なユーザー	非常に慣れた状況において、一般的な意味のみを伝え、理解することができる。コミュニケーションが頻繁に途絶える。
2.0	一時的なユーザー	確実なコミュニケーションを行うことは不可能。慣れた状況下で、その場の必要性に対処するため、極めて基本的な情報を単語の羅列や短い定型句を用いて伝えることしかできない。 英語による会話、および文章を理解するのに非常に苦労する。
1.0	非ユーザー	いくつかの単語を羅列して用いることしかできず、基本的に英語を使用する能力を有していない。
0.0	非受験者	評価可能な情報なし。

（出典：公益財団法人 日本英語検定協会）

◆TOEFL

TOEFL(トーフル:Test of English as a Foreign Language)は、英語を母国語としない人の英語力を測る試験で、主にアメリカの大学や大学院に留学する場合に、英語力の証明として受験が必要となる。

日本では現在、インターネット配信される問題にコンピュータ上で答える形式のTOEFL iBTテストのみが実施されている。大学・大学院で必要とされる英語運用能力を測定する試験なので、4技能の全パートにわたってアカデミックな内容の問題が出題される。

TOEFLのテスト結果はスコアで示され、満点は120点。一般に、アメリカの4年制大学に入学するには60点以上、大学院は80点以上が必要と言われている。TOEFLは年に約40回実施され、受験料は英検と比べるとやや高くなっている。TOEFL iBTのレベルの目安は次のとおり。

❗TOEFL:iBTのレベルの目安

50点未満	アメリカのコミュニティカレッジ(2年制大学)や大学には入学が難しいレベル
50〜60点	アメリカのコミュニティカレッジに入学可能なレベル
60〜80点	アメリカの4年制大学に入学可能なレベル
80点〜100点	トップレベルの4年制大学、大学院に入学可能なレベル
100点以上	トップレベルの大学院に入学可能なレベル

◇TOEFLの詳細情報と申し込み

一般社団法人 CIEE国際教育交換協議会
（https://www.toefl-ibt.jp/test_takers/index.html）

◆CEFR：各種資格・検定試験のレベル比較

英語の資格・検定試験にはさまざまなものがあり、試験の方法や内容はもちろんのこと、レベル分けも試験ごとに異なっている。語学力のレベル評価については、欧州評議会が作成したCEFR（セファール：Common European Framework of Reference for Languages/ヨーロッパ言語共通参照枠）が国際標準規格として広く認知されており、このCEFRと照らし合わせることによって、各資格・検定試験のレベルを比較することができる。

各資格・検定試験とCEFRとの対照表

文部科学省（平成30年3月）

CEFR	ケンブリッジ英語検定	実用英語技能検定 1級-3級	GTEC Advanced Basic Core CBT	IELTS	TEAP	TEAP CBT	TOEFL iBT	TOEIC L&R/ TOEIC S&W
C2	230 200			9.0 8.5				
C1	199 180	3299 2600	1400 1350	8.0 7.0	400 375	800	120 95	1990 1845
B2	179 160	2599 2300	1349 1190	6.5 5.5	374 309	795 600	94 72	1840 1560
B1	159 140	2299 1950	1189 960	5.0 4.0	308 225	595 420	71 42	1555 1150
A2	139 120	1949 1700	959 690		224 135	415 235		1145 625
A1	119 100	1699 1400	689 270					620 320

ケンブリッジ英語検定（各試験CEFR算出範囲）：C2 Proficiency (230)–(180)／C1 Advanced (210)–(160)／B2 First / for Schools (190)–(140)／B1 Preliminary / for Schools (170)–(120)／A2 Key / for Schools (150)–(100)

実用英語技能検定（各級CEFR算出範囲）：1級 (3299)–(2304) 2630／準1級 (2599)–(1980) 2304／2級 (2299)–(1728) 1980／準2級 (1949)–(1400) 1728／3級 (1699) 1456

GTEC（各試験CEFR算出範囲）：CBT (1400)／Advanced (1280)／Basic (1080)／Core (840)–(270)

▭▶は各級合格スコア

※括弧内の数値は、各試験におけるCEFRとの対象関係として測定できる能力の範囲の上限と下限

（出典：文部科学省）

おわりに ～人は成りたい人に成れる～

いま思えば、わたしは、とんでもない英語学習道を歩んできたものだ。

最初は、Be動詞すら理解することのできない「バカ」だった。子どものころから人と話すのが苦手で、友達がなかなかできず、学校ではいじめられていた。学校は荒れていたので、目の前で友人が顔面に膝蹴りを食らって意識不明になり、病院へ救急搬送されたこともある。

そんなわたしが英語をマスターすることができたのは、恵まれた外的な教育環境のおかげだろうか？　わたしはそうは思わない。ましてや当時の私が将来、本を出版することなんて誰も想像しなかっただろう。確かに塾に通わせてもらえるだけ恵まれていた。しかし、ジムに通った人全員がダイエットという目標を達成できるわけではないのと同じく、それはあくまで環境の変化であり、内的な変化ではない。

どうして変われたのか？

「英語をマスターして人生を変えたい」本気でそう思ったからだ。

学び始めたころは、発音が悪く、帰国子女の同級生に「あいつは発音が悪すぎてウケる」とバカにされたりもした。それでもわたしは本気だった。明確なゴールとやる気さえあれば、人は成りたい人に成れると信じて突っ走ってきた。必要であれば性格も変えるぐらいの気持ちを持って取り組んできたからこそ、英語をマスターすることができたのだ。

いま、あなたが外的環境に恵まれていなくても、英語をマスターできないのはそのせいじゃない。あなたは成りたい人に成れるんだから、シンプルに成る方を選んだ方がいい。

わたしのストーリーと英語学習法を用いて、一人でも人生が変わるような体験をしてくれる人が現れてくれれば英語講師としてこれ以上の幸せはない。この本を通じてあなたの内面が少しでも好転し、人生を変えるきっかけになれたら幸いだ。

2021年6月　井関真大

〈著者プロフィール〉
井関真大 Masahiro Iseki
1993年、東京都生まれ。SalTree株式会社代表取締役。武田塾教務部英語課勤務。武田塾田無校・ひばりヶ丘校・東久留米校の統括を務める。YouTubeの武田塾Englishチャンネル、武田塾チャンネルに出演中。高校3年生の4月に武田塾に入塾。偏差値31から、明治大学商学部に逆転合格。明治大学2年生時に英検1級を取得し、イギリスにあるイースト・アングリア大学国際開発学部に進学。卒業後、ベイカレント・コンサルティング、ボーダレス・ジャパンを経て、2018年に独立、現職に。取得資格は、英検1級、TOEIC 990点、TOEIC Writing満点、ケンブリッジ英検(CPE)など。
Twitter https://twitter.com/masasvoice
note https://note.com/masasvoice

Be動詞もわからなかった私が数年でTOEIC満点をとった
英語独学法

2021年6月10日　第1刷発行

著　者　井関真大
発行人　見城 徹
編集人　福島広司
編集者　片野貴司 木田明理

発行所　株式会社 幻冬舎
〒151-0051　東京都渋谷区千駄ヶ谷4-9-7
電話　03(5411)6211(編集)
03(5411)6222(営業)
振替　00120-8-767643
印刷・製本所　近代美術株式会社

検印廃止

ISBN978-4-344-03785-4　C0095
幻冬舎ホームページアドレス　https://www.gentosha.co.jp/

この本に関するご意見・ご感想をメールでお寄せいただく場合は、
comment@gentosha.co.jpまで。